WHY BLOCKCHAIN

なぜ、ブロックチェーンなのか？

坪井 大輔　Daisuke Tsuboi

WHY BLOCKCHAIN
なぜ、ブロックチェーンなのか？

CONTENTS

CONTENTS

第4章　ブロックチェーンが拓く未来……165

序章

ブロックチェーンのいま

ブロックチェーンの本質は、技術にはありません。その思想にあります。

今まで多くの方がブロックチェーンの技術を語ってきました。システム会社が最新のテクノロジーだと宣伝し、新しもの好きの人々はバズワードとしてのブロックチェーンを追いかけました。仮想通貨を入口に、金融システムの技術として注目する人が増え、一時はマスコミも競うように技術名ばかりを伝えました。でも、なかなか本質的な議論は聞こえてきません。この技術が結果的にもたらす、社会思想についての議論です。

結論を申し上げます。ブロックチェーンは人類に、管理者のいない社会をもたらします。それは、私たちがまだ見たことのない世界です。これまでのような、特定のボスを中心とした中央集権型[1]の組織が崩れ、個々の人間は自律した存在となります。

このうねりはブロックチェーンの登場と同時に始まりました。もう止まることはありません。

1 **中央集権型** 情報や権限や責任が一カ所に集まっている状態。国家公務員における東京・霞ヶ関の本省や、全国に支社を持つ大企業の本社をイメージするとわかりやすい。小さな企業でも、社長や役員などに権限・情報が集中している場合も当てはまる。すべてが集まる中心部にいるのが管理者で、それ以外の部分は管理者に従属する立場となる。

ここしばらく、ブロックチェーンのことを忘れかけていた方もたくさんいるでしょう。「ブロックチェーン？　ビットコインブームが過ぎてからはあまり名前も聞かなくなっていたけど」――そんな声があちこちから聞こえてきそうです。

確かにブロックチェーンは、ビットコインという仮想通貨を実現させる基盤技術として世に出てきました。本書を手に取ってくださっている皆さんなら、２０１６年から17年末にかけての「バブル」をすぐ思い出せるのではないでしょうか。

もともとブロックチェーンもビットコインも、誕生から数年の間、エンジニアや技術ウォッチャーにしか知られていませんでした。それが少しずつ、ビットコイン価格の上昇が話題となり、一般の方々にも認知されるようになっていきました。

２０１６年後半あたりから徐々に投機的な動きが大きくなってきて、２０１７年12月には1ビットコイン＝２３０万円を超える水準に急騰します。ところがそれから2カ月足らずで価格が3分の1に暴落。「おいしい儲け話」としてのビットコインに吸い寄せられ、そして失望した人びとは、あっという間に去っていきました。

ブームが下火になるに従い、その基盤技術であるブロックチェーンも世の中から存在感を失っていったように感じている方も多いと思います。

でもちょっと待ってください。ブロックチェーンは、単に仮想通貨を運用するためだけの技術なのでしょうか。冒頭で述べたように、そうではありません。本書を通して詳しくご説明していきますが、社会の仕組みや国のあり方、人の生き方、いろいろなものを変える力を持った、流行では収まらないテクノロジーです。ビットコインブームが去ろうが、その潜在力はまったく変わっていません。それどころか、いよいよ上昇気流に乗り始めている。私はそれを確信しています。

ここで簡単に自己紹介をさせてください。私は、北海道札幌市に本社を置く「INDETAIL（インディテール）」という企業を経営しています。当社は、ブロックチェーン技術でこれまで世の中になかったビジネスや事業を生み出していく、全国的にも類のない企業です。さまざまな業界のさまざまなプレーヤーと手を結んで、誰も考えつかなかったような事業モデルの実証実験を次々とやり遂げ、この中のいくつかを大手企業さんなどに売却して利益を得るモデルです。（図0-1）

ゼロを1にすることに特化した企業ともいえます。私たち自身がベンチャー企業ですから、「ベンチャーを生み出すことを事業とするベンチャー」と言ってもいいかもしれません。

ここに至るまでにはもちろん企業としての歩みがあります。当社は２００９年創業で、今年ちょうど10年を迎えました。当社のように地方を拠点とするＩＴ企業に多いのは、地元の有力企業や団体からの受注、また、東京をはじめとする大都市圏のＩＴ企業からの受託開発で経営を成り立たせるパターンで、私たちも最初はこの例に漏れませんでした。

存在感を強く出せるようになったのは、２０１１年に、北海道企業として初めて本格的にスマートフォンアプリ開発を始めたころからです。ちょうど全国的なスマホの普及とアプリ開発の市場拡大にタイミングを合わせることができ、業績を伸ばすことができました。

その後、スマートフォンでのｅコマース[2]の拡大を見越して２０１３年夏にスマホ

2 **eコマース／EC**
electronic commerceの略。インターネット上で商品を売買すること。

向けＥＣモール事業を立ち上げ、成長したところで２０１７年に売却しました。

　創業直後から続けてきたビジネスソリューション事業、２０１６年に立ち上げたゲーム事業も、順調な状態で友好企業に譲渡、イグジットしました。こうして会社の体制を一新し、この春、ブロックチェーンに特化した企業として再スタートを切りました。

　経営者として数年先の世の中を予測し、成長しそうなビジネス分野で事業を組み立て、投資する。そして事業を軌道に乗せたら、これをより発展させてくれるパートナーに引き継いでいく。これが、私がこの10年やってきたことです。一言で表すなら「シリアルアントレプレナー」[3]、連続起業家と呼ばれるタイプの経営者だと自己分析しています。

　私がブロックチェーンの潜在力を確信し、企業として本格的にこの分野に取り組むようになったのは２０１６年後半からです。３年近く全力でブロックチェーンと向き合ってきた中、先端のエンジニアやキーパーソンと話し合ったり、各地で一般

３ **シリアルアントレプレナー**　新規事業立ち上げを繰り返すタイプの起業家。連続起業家と訳される。従来、経営者というと、自ら始めた事業を育てていく、または誰かから引き継いだ事業を運営していくイメージが多い。シリアルアントレプレナーは、新事業をスタートさせ、軌道に乗りそうな段階まで育てると大企業などに売却し、別の新事業を立ち上げていく。

の方々向けに講演をさせてもらったりする機会に恵まれました。

講演は2017年後半あたりから声をかけていただくことが増え、現在に至るまで毎月2、3回程度のペースでやらせてもらっています。お訪ねする先はIT系ばかりでなく、金融、会計、証券、医療、宇宙開発、新聞、行政、中小企業団体など実にさまざまです。特段IT投資に積極的と思われている業界ではなくても、それぞれの課題の解決方法としてブロックチェーンが注目されています。多くの分野の専門家とブロックチェーンについて意見交換させていただいた経験に関しては、誰にも引けをとらないつもりです。

さて話を戻します。ブロックチェーンはビットコインブームとともに忘れられつつあるのでしょうか。

札幌市内で2019年3月、ブロックチェーンの未来を語るイベント「ブロックチェーンフェスティバル2019」が開かれました。詳しくは後の章でご説明しますが、これは「ブロックチェーン北海道イノベーションプログラム」(BHIP)

という、私たちインディテールを含め40を超える企業・団体が名を連ねる組織が主催したものです。（図0-2）

実は私たちはこの約1年前にも、同様のイベントを開いています。そのときも当初予定の100席では足りなくなって、急きょ50席増やしたほどだったのですが、今回は、あらかじめ200席用意したのに参加募集の締切を待たずして登録で満席となりました。

1年前は、ブロックチェーンとはそもそも何か、という入門的な要素をかなり意識した内容でしたが、2019年はブロックチェーンを地域でどう活用するかという、やや応用編のテーマを中心に据えました。それでも参加者は増えたのです。

当日、前年以上の熱気が会場に溢れていたのはいうまでもありません。都合で来場できなかった方々のためにネット生中継も実施し、これも多くの方にご覧いただきました。このイベント後も、講演の依頼などをたくさんいただいています。

ビットコイン価格が低迷しているのとは対照的に、実際には、世の中のブロックチェーンへの関心はまったく弱まっていない、私はそう実感しています。

昨今、IT大手企業に人々の情報が集約されていることに対して、問題意識が高まってきています。いわゆるGAFA（グーグル、アマゾン、フェイスブック、アップル）にがっちりと管理されたネットワークの中で私たちが生活しているという、その事実に対する違和感＝危機感です。

一方でブロックチェーンは、「誰も管理していないのに自律的に機能するネットワーク」を実現します。GAFAのあり方を中央集権型のネットワークとすれば、ブロックチェーンは分散型、または非中央集権型のネットワークであり、大きく異なる世界観です。ブロックチェーンは本質的に、GAFAのような大プレーヤーによる支配の構造を崩していく作用を持っているのです。

GAFAの良しあしをここで論じるつもりはありません。ただ、歴史というものは振り子のように、時代がある方向に動いたらその次にはまた違う方向へ、ときとしてまったく逆方向へと向かう力が働くものです。

私が申し上げたいことは極めてシンプルです。大きなプレーヤーが中央集権型のネットワークをつくってきた時代が今で、これから世界は分散型、非中央集権型へと動こうとしている。この人類史的な変化のきっかけとなっているのが、現時点では単なる仮想通貨技術と見られることの多いブロックチェーン、ということです。ここから先、会社組織もビジネスのあり方も、強固な管理主体が存在しない、自律分散的な姿が増えていきます。

私は時代の変化を感じています。ブロックチェーンがその扉を開け、世の中の感度の高い人たちがこれに気付き始めているのではないでしょうか。

ブロックチェーンの潜在力は、万人がすぐに感じ取れるものではありません。この一因は、これまでブロックチェーンがあまりにも金融の文脈でばかり語られてきたからです。

繰り返しますが、ブロックチェーンが誕生したのは仮想通貨のプラットフォームとしてでした。ですから、少なくとも始まりの時点で、世間的な見え方のことだけをいえば、ブロックチェーンと仮想通貨はイコールでした。このため、技術者コミュニティ以外で最初にブロックチェーンに反応したのは金融業界やその周辺の方々でした。流れとしては当然ともいえるでしょう。

その流れが今どこに行き着いているか。ブロックチェーン本を探すと、ネットの書籍販売でも、リアルな本屋さんでも、大半が金融系であることに気がつくでしょう。一時の仮想通貨ブームに便乗するような本も少なからず見られます。

ただ、ビットコインバブルがはじけて1年以上が過ぎ、金融分野での論議はもう落ち着きました。今こそ、より大局に目を向けて、ブロックチェーンがもたらす非中央集権型社会、分散型社会について考えるときです。こうした文脈の中で、一つの思想をお示ししたい。それが、私がこの本を書こうと考えた最大の動機です。

私がこれから書くことは、必ずしも、今の一般的な会社組織や社会のあり方にフィットする考え方ではないかもしれません。むしろ否定されたり、机上の空論として一蹴されたりするものかもしれません。

ただ、私のような起業家、またベンチャー企業というものは、これまでの秩序を壊すというところに本質的な役割があります。

こうあるべき社会の姿、こうありたい社会の姿を示し、それを実現させない現行の利害関係に挑戦していく役目です。その手段として、ITというテクノロジー、もしくは事業のビジョンがあります。そうして既得権益を壊したところに、イノベーションと呼ばれる状況が生じる。ブロックチェーンはこの破壊に大いにリンクするテクノロジーなのです。

本書は仮想通貨取引で大儲けするための本でも、金融業界の再編を論じる本でもありません。極論ですが、この本を読んだ半年後にあなたの資産が増えることはないと思ってください。目先のお金の話ではなく、ブロックチェーンが私たちに何をもたらすのかを考える思想の本です。

もちろんブロックチェーンはまだ新しい技術であり、今もその進化を止めていません。世界中の技術者たちが現在進行形で改良・改善を重ねている結果として、バリエーションが急速に増え続け、時間を追うごとに簡潔な解説が難しくなっています。エンジニア向けの最新技術情報に一つ一つ触れていくとキリがありません。

ですから本書では、主に前半部分を使って、ブロックチェーンを理解するための必要最低限の知識を整理していきます。基本に立ち返り、難しそうな専門用語や数式をできるだけ避け、わかりやすく解説するつもりです。

そして本の後半で、今の社会におけるブロックチェーン、そして未来の社会、組織について述べていきます。最後に、社会でこんなふうに応用できるというアイデアや事例をご紹介します。

今、人類史的な大変化が始まったところです。私たちは偶然、そのスタートラインにあたる時期を生きています。ビジネスパーソンはこの変化をいち早く感じ取って仕事をしていかなければ、早晩、時代の動きに振り落とされることになります。未来に勝つために、ブロックチェーンの本質を一緒に見ていきましょう。

本書を執筆するにあたり、関係する各方面からのご指導・ご支援を頂戴しました。お力添えをくださった方々、また、公私を問わずこれまで私を支えていただいた多くの方々に、心から感謝を申し上げます。

令和元年　初夏

坪井　大輔

INDETAILの事業構造

（図0-1）

100の事業（DETAIL）を創出する スタートアッププロダクションへ

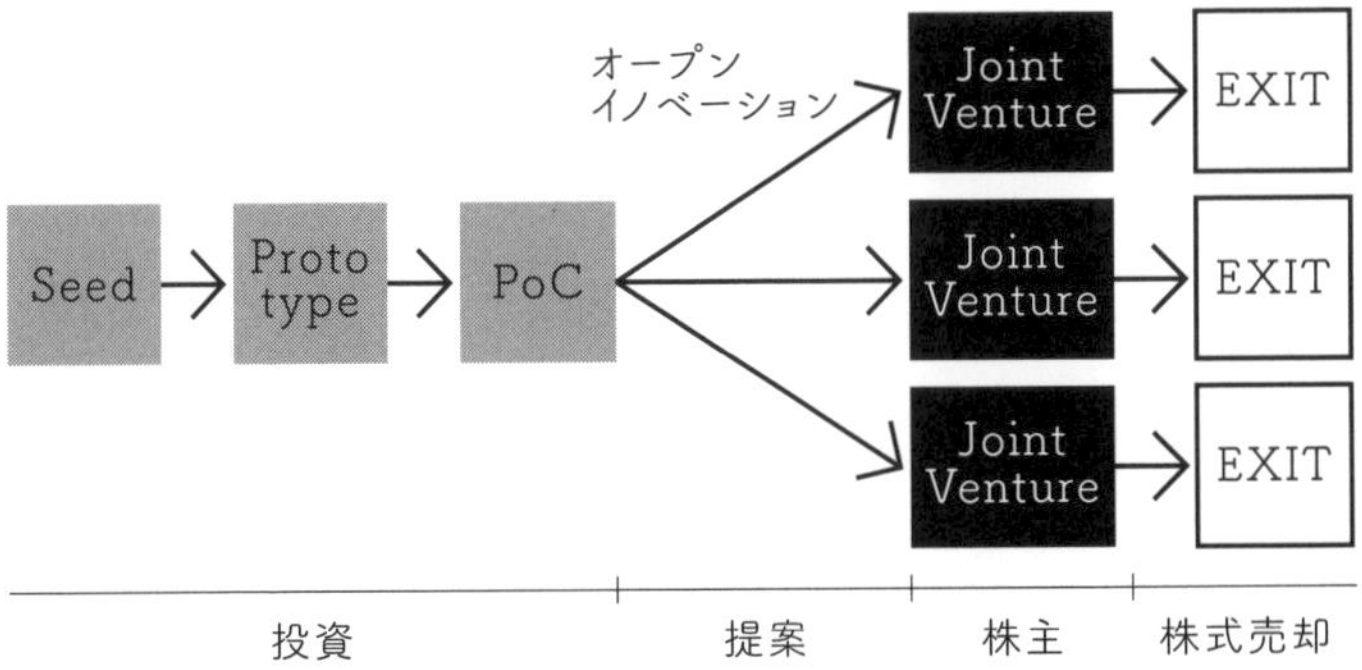

一般社団法人ブロックチェーン北海道 イノベーションプログラム（BHIP）

（図0-2）

BHIP

ビジョン

北海道をブロックチェーン技術の集積地とし、ブロックチェーン技術を活用した新しいビジネスを創出する

活動プログラム

近い将来訪れるブロックチェーン技術者の需要拡大に、先行優位を発揮させるため、道内の各企業、団体とのパートナーシップによる協力体制を築き、ブランディングの促進を図るプログラム

第1章 ITの進化

ブロックチェーンをしっかり理解していただくため、手順を踏んで話を進めていきましょう。ブロックチェーンそのものについては第2章で説明することにして、本章では、ブロックチェーン登場に至るこれまでのＩＴの進化について、そして、現在の重要なテクノロジーとブロックチェーンとの関係について整理します。

この本は技術書ではなく、ブロックチェーンの社会的な影響や役割について考察することを目的としていますから、まずは社会の中で今ＩＴがどう機能しているのか、きちんと確認しておくことが必要です。本章はブロックチェーンを理解するための準備の章だと考えてください。

企業から個人へ

さて、ITの市場がどんなふうに進化してきたかという話から始めたいと思います。（図1-1）

私たちがITという言葉を聞き始めたのは1990年代です。もちろん突然ITが始まったわけではありません。たとえば90年時点でもインターネットは大学や研究機関などで使われていましたし、個人でもパソコンをビジネスに活用したり、当時の「パソコン通信」でオンラインサービスを使いこなしたりする人たちも少なからず存在しました。ただ、それは社会一般に行き渡っているとはいえず、ネットワークやコンピューターを使ったこうした作業は専門家、もしくは趣味人の世界におけるものでした。

特にテクノロジー系ではない人々にとって、ITとは、会社に置かれた基幹システムのことでした。会社に大きなサーバーがどんと置かれて、グルグル音を立てながら回って計算処理をしている。大手企業や銀行などにそんな設備が導入されまし

IT進化の変遷

（図1-1）

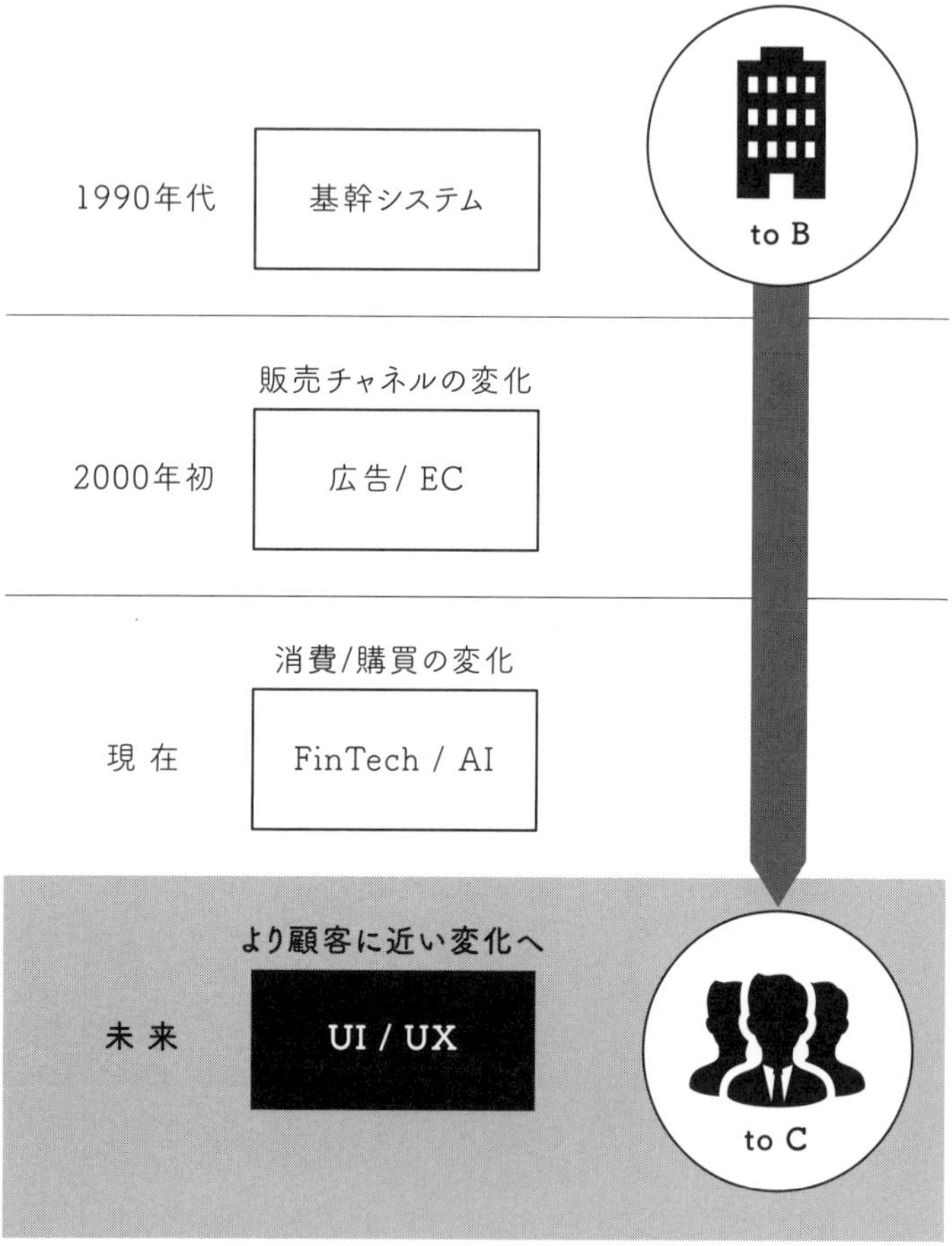

1990年代
基幹システム
to B
販売チャネルの変化
2000年初
広告/ EC
消費/購買の変化
現 在
FinTech / AI
より顧客に近い変化へ
未 来
UI / UX
to C

た。基幹システム、あるいはIT業界用語でERP（Enterprise Resource Planning）[1]などといわれるものです。

このころのITがめざすものは、主に企業・団体の仕事を効率化することでした。生産管理・販売管理・会計など、部門ごとにバラバラに分かれていた情報・データを集めてきて、サーバーで管理するのが目的です。

まだインターネットは普及していませんから、すべてが自社内で行われていました。言葉としても、一般にはまだ「IT」は知られていなくて、オフィス・オートメーションの略語である「OA」が広く使われていました。

日本でもバブル崩壊後の不況にともなう人件費削減の必要性もあって、ERPの導入が積極的に進められました。私自身はこのころまだ学生でしたから実感として振り返ることはできませんが、ERP導入は決して手軽なものではなく、削減した人件費以上に経費がかかってしまうケースも少なくなかったようです。

1 **ERP（Enterprise Resource Planning）**
企業の中で部門・担当ごとに持っている情報を、1つのサーバーに集めて一元管理しようとする考え方。経営者は集められた情報を分析することで企業の状況を把握し、経営戦略を立てることができる。記録が紙や担当部署の記憶媒体（フロッピーディスクなど）で保管されていた時代には情報の一元管理は困難だった。

PCと携帯電話、個人に近づくIT

1990年代の半ばから後半にかけてIT産業は大きな転換期を迎えます。Windows95の発売をきっかけに、家庭にパソコンが入り始めました。

特にテクノロジー寄りではない一般の人々が個人でパソコンを触り、インターネットを使うようになってきました。メールアドレスを持つ人が急増して、まだネット動画はほとんどありませんが、Yahoo!みたいなものでテキストベースの情報を取り始めます。

ネット広告も増えていきます。そのうちに人々がパソコンでモノを買い始めます。これが2000年前後です。

パソコンの普及と並行して、モバイル通信で大きな進化が起こりました。通信環境が1G（第1世代）から2G（第2世代）へと移行したのです。第1世代がアナログ音声通話のみだったのに対して、第2世代はメールやインターネットにも対応するようになります。ここから劇的な変化が生まれました。

1999年、NTTドコモが携帯電話を通したインターネットサービス「iモード」を始めます。このiモードが爆発的に普及し、インターネットを携帯電話で使う時代に移っていきます。

パソコンが普及し、携帯電話が普及し、インターネットが普及したことで、今からできる新しいことは何だろうといって、ITベンチャーと呼ばれるいろいろな企業が、いろいろなサービスを人々に提供し始めました。

多くのIT企業が誕生し、多額の投資がIT企業へと流れ込みました。2000年前後には、ベンチャーの動きが盛んなアメリカを中心にIT企業の株価が高騰して、2001年に急落するという「ITバブル」現象も起こりました。

この転換期を通して、かつて企業内にあったITは個人に近づき、企業と消費者が直接つながる環境が整ってきました。それ以前は企業から消費者へ（BtoC）の経済活動といえば基本的に店舗かカタログ通信販売、テレビ通販でしたが、インターネットを介した取引へと拡大していきます。eコマース、ECなどと盛んにいわれるようになりました。ITは、専ら企業内部の効率化を目的にしたBtoB産業から、消費者への新たな販売チャネルを持ったBtoC産業へと役割を広げたわけです。

代表例が、今日のeコマースの主導権を握るアマゾンと、検索・インターネット広告のグーグルです。ITバブル崩壊を生き残った両社は、このころにはIT産業における優位の基礎を築いたといえるでしょう。

3G通信の時代

ITバブル崩壊と時を同じくして、2001年からモバイル通信環境は3G（第3世代）へと進化します。この3G時代の到来によって携帯電話市場はさらに拡大します。それまで通話、メールが主流だった携帯電話に、たとえば大きな画像のやりとりや位置情報の利用など、さまざまな機能・サービスが加わってきます。携帯電話の稼働台数が日本の人口を超えたのはこの前後からです。企業のERPの時代から約10年、IT活用の重心はtoBからtoC[2]へと本格的に移っていきました。

2 toBからtoC（BtoB：企業間 BtoC：企業対消費者）
Bは企業・法人（ビジネス）、Cは消費者・個人顧客（コンシューマ、カスタマー）を指す。「BtoB」は、企業が、他の企業に向けて商品・サービスを提供する取引をいう。「BtoC」は、企業が個人に対して商品・サービスを提供すること。「CtoC」は個人から個人への取引を意味する。主にマーケティング分野で使われる用語。「toB」は「企業向け」、「toC」は「個人向け」と読み替えられる。

ところで携帯電話の誕生は、コミュニケーションの「範囲」を広げるイノベーションでもあります。一家に一台の固定電話から、一人一台の携帯電話へ。人々は、時と場所を選ばずにコミュニケーションすることができるようになりました。

従来の、顔と顔を合わせるフィジカル[3]な付き合いが消えたわけではありません。フィジカルと、携帯電話によるフィジカル以外でのコミュニケーションの両方ができるようになった。これは、人と人とがつながる「範囲」が画期的に拡がったことを意味します。

パソコンの普及、携帯電話の普及、通信環境の進化によるコミュニケーションの範囲拡大は、次なるイノベーションを起こす引き金となりました。それがSNS（ソーシャルネットワークサービス）です。

SNSが普及するまでのコミュニケーションは、フェイス・トゥ・フェイス[4]のほかは主にメールや携帯電話の通話でした。これは、自分のアドレスを知っている、知人同士のコミュニケーション空間でした。それが、新たに世界中の、自分と価値

3 **フィジカル**　ここでは、対面式のコミュニケーションの意。

4 **フェイス・トゥ・フェイス**　顔と顔を合わせる対面のコミュニケーション

を共有できる者同士が、インターネットの世界でネットワーク（コミュニティ）を形成できるようになりました。

これは世界中と自分がリアルタイムにつながることができる、他者との新しいコミュニケーション手段です。SNSは従来の「範囲」の制限を打ち破ったイノベーションでした。フィジカルな場所や地域という制限・制約を受けず、世界の人々が自由に交流をする新たなコミュニティが誕生したのです。

ポスト携帯電話時代

さまざまなイノベーションの源になった携帯電話ですが、それも2007年頃には進化に陰りが見えはじめます。液晶パネルのわずかな美しさの違い、カメラ性能の小さな改善、薄さや軽さといった細部の進化しか起きない状況になっていったのです。（図1-2）

世の中では、進化が鈍化した携帯電話に替わるハードウェアが求められるようになります。振り返れば2007年から2012年にかけては、人々にとって携帯電

ポストスマートフォンの時代へ　（図1-2）

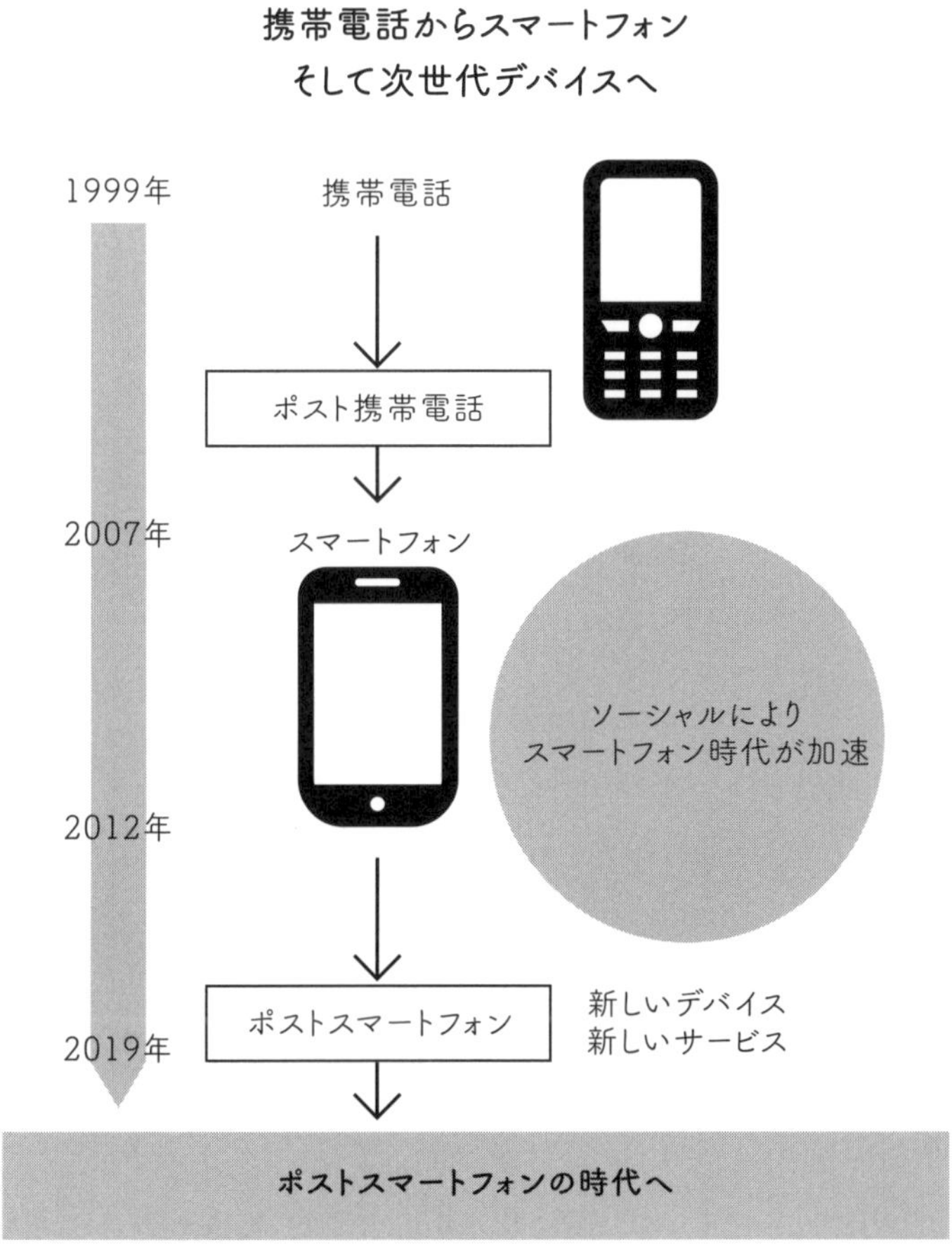

話からスマートフォンへの移行期間でした。いわば「ポスト携帯電話時代」です。

約5年間のこの時代のキーワードは「ソーシャル」でした。ミクシィやツイッター、フェイスブックなどのSNSが注目され、ソーシャルゲームでも、GREEやモバゲーなどが利用者を伸ばしていきます。どれも、インターネット上のコミュニティで他者とつながり、社会的な承認要求を満たすことができます。

以前ならリアルにしか存在しなかった社会的欲求を満たす手段が、インターネット空間にあって気軽にいつでも使える。ソーシャルサービスが爆発的に広まったことで、消費者の求めるものが変わってきました。常にインターネットに接続され、なおかつパソコンに匹敵するような高い機能を持ったハードを求めるようになったのです。

4Gとポストスマートフォン

ポスト携帯電話の時代が出した結論が、スマートフォンへの移行でした。

２０１２年頃を境に、社会はスマートフォン時代へと突入します。この年に何が起きたかというと、モバイル通信環境のさらなる変化です。３Ｇから４Ｇ（第４世代）への変化がありました。スマートフォン×４Ｇは、まさに今私たちがいる環境です。

このスマートフォン×４Ｇの時代において、私たちユーザーは高速なインターネットへの接続が常時可能となりました。２０００年代にｅコマースやＳＮＳの空間として拡大したインターネットは今や、多種多様なモノからデータを集めるＩｏＴ（インターネット・オブ・シングス）、大量のデータを解析するＡＩ（人工知能）、またＦｉｎＴｅｃｈ[5]による決済手段の多様化といった用途にまで発展しています。

スマートフォンの時代になってから7年ぐらいたちます。冷静に考えてみると、読者のみなさんが持っているスマートフォンも、もうあまり進化してないのではないでしょうか。

携帯電話は前述のように、カメラ性能などが少し良くなるぐらいで、製品としての進化が止まってしまった。サイズや薄さの勝負になって、使用感にほとんど違い

5 **FinTech** 金融（Finance）と技術（Technology）を組み合わせた言葉で、店での支払い、企業の経理、融資、送金、仮想通貨などさまざまな分野が含まれる。ITを使って、お金の動きや機能にイノベーションをもたらそうとする取り組みの総称ともいえる。

が感じられないレベルの軽さを競う、というような世界になりました。

実は最近のスマートフォンも似た状況になってきました。最も人気の高いｉＰｈｏｎｅシリーズの新製品が出てきても、ディスプレイが少し、カメラが少し、のような変化しかなくて、ユーザー体験に画期的な変化はなくなっています。以前と比べれば、どれも似たような製品になってきた。コモディティ化[6]です。今ＩＴ産業でいわれているのは、スマートフォンの次に何が来るのか、ポストスマートフォンは何か？という問いです。すでに私たちは「ポストスマートフォン時代」に突入しているのです。

「人の機能」に近づくＩＴ

では、ポストスマートフォン時代を勝ち抜くデバイスやサービスは何でしょうか。それを予測するには、今まで解説してきたＩＴの進化から学び、推測することが重要です。（図1-3）

6 **コモディティ化** 当初は斬新だった商品やサービスが、まんべんなく普及した結果、市場にありふれたものとなり、どの提供者の商品・サービスも実質的に大きな違いがなくなること。「汎用品化」。

「人の機能」に近づくIT

（図1-3）

ＩＴは、ｔｏＢからｔｏＣへと進化していると述べました。ＩＴは企業の所有から個人に近づきました。携帯電話からスマートフォンに変わり、パソコンさえ必ずしも必要ではなくなりました。これはより人間の体に近づいてきたことを示しています。スマートフォンは私たちの可処分時間をアプリの操作に割かせ、そして、私たちを常時オンラインへと導いている。スマートフォンはアプリのコントロールパネルでもあり、同時に人をオンライン化させるインターフェースであるといえるのです。

ＩＴの進化は続いています。どんどん個人に近づいてきた進化の先を考えると、ポストスマートフォンは、目や耳といった「人の機能」が鍵となりそうです。スマートウォッチなどの比較的新しい製品が出てきていますが、これらは、人の機能を拡張した「ウェアラブルデバイス[7]」として提案されています。

また、近い将来人間の知能を超えると騒がれているＡＩは、まさに人間の知能を拡張しＩＴ化したものです。人間の常時オンライン化も実現できる今、人の機能がオンライン化していくことは容易に想像できます。

7 **ウェアラブルデバイス** 「身に着ける（ｗｅａｒ）ことができる（-ａｂｌｅ）」電子機器。腕や脚、頭など直接身体に装着できることを指す。アップルウォッチなどが代表例。スマートフォンは体に直接装着しないのでウェアラブルデバイスとは呼ばない。

最も身近でわかりやすい例がAIスピーカーです。Google Homeを始め、アマゾンが出しているAlexa、LINEのClovaなどが主なところでしょう。話しかけると答えてくれて、音楽かけてといえば鳴らしてくれるスピーカーが流通しました。

ただ、お金をかけた宣伝の割にはまだまだ普及していない。これは各社が、「スマホの次はこれじゃないか？」と実験的に投入しているデバイスです。うまくいけば人々がその気になってくれて、何かをきっかけにしてブレイクスルーして広がるかもしれない。もしくはダメかもしれない。このような実験をずっとやっているのが今です。

ですから今後IT企業から出てくるデバイスやサービスは、「ポストスマートフォンは何か」というのをみんなが探っている中、次の天下を取ろうとして各社が出してきていると思った方がいいでしょう。

データ収集装置としてのデバイス

各社は新しいデバイスを浸透させることで、何をしようとしているのでしょうか。ＩＴ以前のように、モノを売って、原価と販売額の差で利益を得たいのでしょうか。そういうことではありませんね。

よく考えると昔は、普段の健常な人間から情報を得るということはあまりありませんでした。たとえば、平常時の健康状態についてデータというのはなかなか取れません。体調管理を必要としている方や、高齢の方が定期的に血圧や体温を測るようなことはあっても、健康な若い人たちが今の体の状態をこまめに記録することは考えにくいものでした。これに対して医療情報なら昔から存在します。体調を崩して医者にかかったり、あるいは健康診断でたまに病院に行って血液検査をしたりすれば、そのデータは取れます。でも普段の、日常の健康状態はデータ化されません。

こんな話があります。ここ20年ぐらい、健康サプリメントはどこのスーパーでも見るようになり、広告を見ない日はないぐらいです。もっともらしい成分表や含

デバイスがデータを収集 （図1-4）

有量グラフ、ときには栄養学の権威も出てきて、体調が良くなるとか痩せやすくなるとか宣伝されますが、飲んで本当にそうなったというデータは取れません。サプリを飲んで調子が良くなったように感じる人もいると思いますが、本当にそのサプリが効いたのかどうかは本人も含めて誰にもわからないというのが現状です。

そこで、日常の健康状態からきちんとしたデータを取り、変化を見ることができればとても役に立ちそうです。どうやってそのデータを取るのかというノウハウが実はたいへん重要になってきます。それを取れた企業は相当成功する。儲かる。なぜかというとそれまで誰も取れていない情報だからです。デバイスを出す企業はこれを競っているのです。（図1-4）

人の機能×IoT

大切なことは、各社が、たくさんの人のデータを取る目的でデバイスを出しているということです。このサプリメントの話でいえば、たとえばアップルウォッチを着けていて、定期的に心拍などのデータを取っていたとする。そこに、あるタイミングでこの人がサプリを飲み始める。それで健康状態がどう変わって、サプリを止めたらどう変わったか、条件の似たたくさんの人から統計データを取れたら、サプリの本当の効果を捕捉できるかもしれません。今まで取れなかったデータを取ることで、それを基に、今までわからなかったことがわかるようになる。ここにビジネスチャンスがあることは明白です。

実際にさまざまなデータを取るのが、デバイスに付けられたセンサーです。今までなかったところにセンサーが付き、今までなかったデータを取る。そしてそのデータがインターネットを流れる。前に触れたＩｏＴそのものです。生産機械や家電製品、あらゆるものがインターネットにつながってデータをやりとりする世界が出現しています。

スマートフォンやそのほかの新しいデバイスがＩｏＴのひとつだとすれば、「人の機能×ＩｏＴ」がポストスマートフォン時代を読み解くカギになるのではないでしょうか。

5Gは何を変えるか

日本では2020年春から5G（第5世代）の運用が始まります。今よりさらに通信環境が高速・大容量化することで、もっと膨大なデータが蓄積されるようになります。これによって何が起きるでしょうか。

前述のIoTを含めて、「人の常時オンライン化」から派生するサービスやビジネスが本格化するのは間違いありません。

以前なら会社に行ってパソコンの電源を入れる、家のパソコンをオンにするというのがオンラインの意味でしたが、スマートフォンやそれ以降のデバイスを通して、私たちは24時間365日ずっとオンラインになり続けています。5Gは、個人が大量のデータを高速に扱うことができる世界をもたらし、オンライン状態で人ができることの幅を広げます。

初期から現在の4Gに至るまでに社会が大きく変化したように、5Gでもまた、社会がアップデートされます。

5G時代は、個人・消費者がさらに強くなる時代、というのが私の見方です。

今までの通信環境の進化で、すでにBtoCの取引はオンライン化しました。ネット通販が普及して、消費者はオンライン時にBからモノを買うようになりました。この時点では、企業が与える側、消費者はもらう側、という関係です。企業が強く、消費者は弱い。大きなデータを高速処理してサービスを提供するのは企業で、消費者にはそれはできない。弱いものが強いものにアクセスして便宜を受ける関係です。今もまだそうかもしれません。

5G時代には、高速大容量のデータ通信が個人にもできるようになり、企業との差が縮まります。CtoCというのはこれまでと比べて強い者同士となります。個人のやることが成長、加速するというのが時代の流れとして明確です。

特にエンターテインメントなど、コンテンツビジネスの業界では如実に変化が現れるでしょう。

たとえばスマートフォンでのテレビ視聴。今でもストリーミング[8]で見られるといえば見られますが、安定した高速通信環境がどこでも実現できているとはとてもいえません。画質はまだまだで、リビングに置いた大型テレビで見た方がずっと綺麗だというのが現実です。もちろん映画館は臨場感で圧倒的な優位性があります。まだ個人には、テレビ局や映画会社、テレビメーカー、映画館といった企業によるサービス提供の枠内で、お金を払ってもコンテンツを楽しむ理由があります。

しかし、5Gの時代になると、スマホで扱える画像はより高画質になり、タブレットなど大きめの個人向けデバイスも環境に合わせて発達していきます。AR、VRが格段に進化し、個人のモバイルデバイスで、好きなときに好きな場所でコンテンツに没入できるようになるでしょう。スポーツ中継やイベント、ニュース映像などでは、見るだけでなく、個人の発信力も高まり、世界が広がります。

企業側にしてみれば、5Gによって個人が力をつけますから、衰退するビジネス

8 **ストリーミング** 音声や動画などをインターネット上から、ダウンロードしながら再生すること。

も出てくるでしょう。企業でしかできないことを売りにしていたビジネスは厳しくなってきます。ＹｏｕＴｕｂｅには追い風が吹く半面、映画館にとっては逆風となるかもしれません。

制度にしっかり守られている医療業界でも変化が少しずつ現れるでしょう。特に思い浮かぶのは遠隔医療です。

個人が扱う画像・映像の質が何段階も上がるのがポイントです。たとえば最近の内視鏡カメラはカプセル型の飲むだけのタイプが増えていますから、個人が自分の体内のデータを取って医師に送信、十分な画質で画像診断してもらえる、といったことも夢ではなくなります。そのときには、病院というハコの必要性は今より低くなってきます。

ＣｔｏＣの波が医療にも入ってくれば、たとえば医師免許を持つフリーランスが、遠隔地の患者個人と取引して医療サービスを提供するような世界観も出てくるかもしれません。

絵空事ばかり何を書いているのか、といわれてしまうかもしれません。ただ、通信環境の未来は、幸いなことにスケジュールがある程度公表されています。それを元に将来何が起きるか、何に手を打っておくべきか、どの産業に属していても想像をめぐらせる必要があると私は思います。

「四種の神器」とは

振り返ってここ10年ぐらいの間に、ＩＴ業界のキーワードになった言葉がいろいろあります。私はその中で、今現在のＩＴを認識する上で欠かすことのできない４つをまとめて「四種の神器」と命名しています。この４つです。（図１-５）

・ＩoＴ
・クラウド
・ブロックチェーン
・ＡＩ

イノベーションをもたらす「四種の神器」　（図1-5）

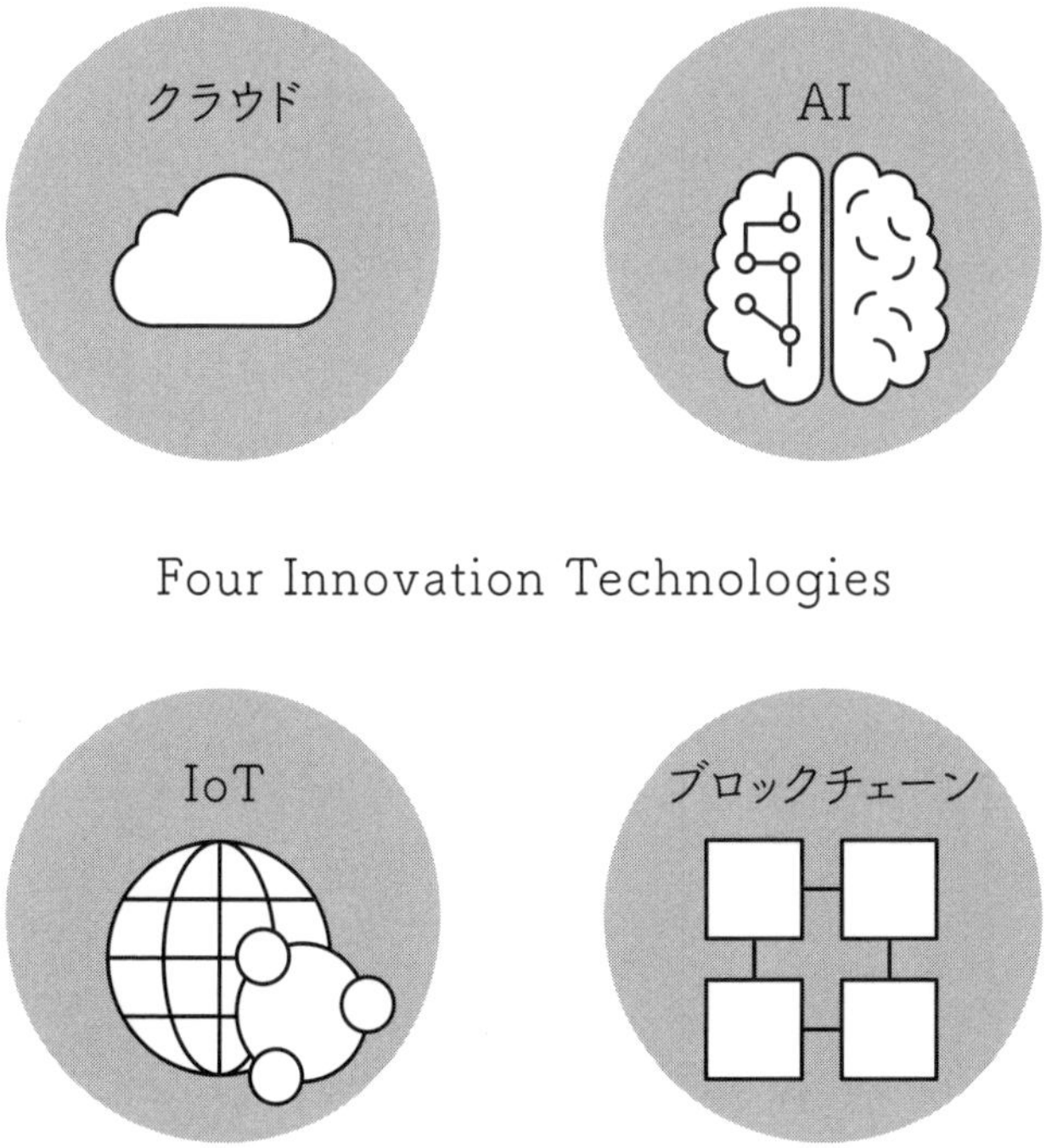

「ＩｏＴ」は先ほど述べたとおりデータを取る技術ですね。あとの３つについて短くいうと、ＩｏＴで取ったデータを置く場所が「クラウド」になります。「ブロックチェーン」は次章で解説しますが、ここでは例え話として、置いたデータをタンスみたいなものに仕分けして入れて、かつ鍵をかけて管理するというふうにイメージしてください。クラウドという雲の上にタンスを置き、仕分けして鍵をかけて誰も開けられない状態にするのがブロックチェーン。そして、このデータを世の中に役立つように活用していくのが「ＡＩ」です。

４つともマスコミがこぞって取り上げたぐらいのバズワードですが、順番をいえば、最初に流行ったのがクラウドでした。利便性から考えてもセキュリティから考えても、そこにあるハードディスクにデータを入れるよりも雲の上に置いた方がいい、という感じでクラウドの利用が急速に広がりました。10年ぐらい前です。

クラウドについて一つお話すると、普及から年月が過ぎ、ビジネスとしてはさすがにもう勝ち負けが決まった世界だと私はみています。圧倒的に勝っているのがＡＷＳというアマゾンのクラウドです。クラウド業界はこれからどうなっていくか、というのはもう話題にならない。ＡＷＳ以外に選択肢があるとすれば、マイクロソフトか、ＩＢＭか、という範囲だと思います。

クラウドの後でＩｏＴが、製造業や物流業の文脈から話題になってきます。センサー技術が、今までないデータをキャッチするようになってきた。そして２０１６年ごろからＡＩが流行り始めます。この背景として、ＩｏＴが取った膨大なデータが、ビッグデータとしてクラウドに蓄積されたことがあります。実はＡＩ技術というのは大学などで何十年と研究されてきて、それ自体は特に新しい分野ではないのですが、ビッグデータを解析して社会の中で活用するための手段として急に再注目されるようになりました。

ただたくさんデータを集めても、活用できなくては意味がありません。裏返していえば、データ分析はＩＴ産業における重要なマネタイズの源泉ということになります。そのキー技術がＡＩというわけです。そして最後にブロックチェーンが出てきて、今のテクノロジーのキーワードがすべて揃います。今後いろいろな産業で革新的なことが起こる舞台装置が整いました。

おさらいしましょう。ＩｏＴでデータを取り、それをクラウドに保管する。クラウド上のデータはブロックチェーンで仕分けしてセキュリティ対策を万全にし、そして必要なデータをＡＩによって活用していく。「四種の神器」が出揃ったわけです。

レガシー産業に参入していくIT

技術が揃ったことによって、次なるスマート社会がやってくることが確実になりました。新しい産業×テクノロジーによって実現するスマートな社会。これは日本政府を含めて多くの人々に共有されている認識です。逆に、どんな業種の方でも遅かれ早かれ自分の仕事環境の中にＩＴが入ってきますから、そのことを頭に入れておくべきです。

特にレガシー化した産業にいる方々には留意していただきたいと思います。レガシー産業というのはつまり、ＩＴ投資が進んでいない、紙が主流、必要なデータがほとんど取れていないといった産業です。「四種の神器」によっていずれイノベーションが起きます。（図1-6）

変化の時代とレガシー産業　（図1-6）

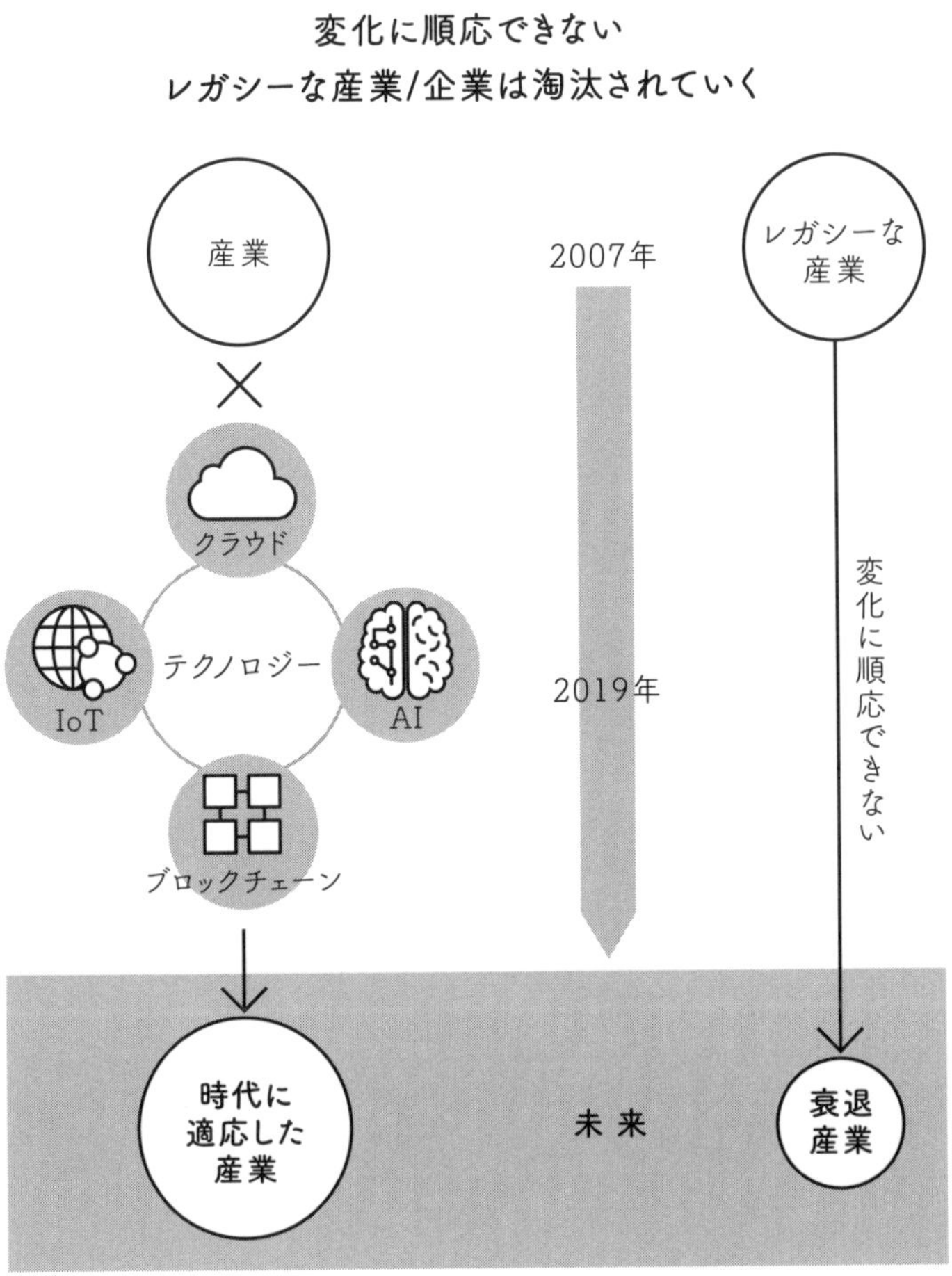

世の中では産業×テクノロジーが否応なしに加速していきますから、レガシー産業がテクノロジーを拒否し続けていたら、それはもう化石になるしかありません。一方、進化するテクノロジーを受け入れ、新しいあり方へ向かおうとする産業には発展が待っています。

Amazon GOやメルカリ

ITが既存産業に参入していく実例を見ていきましょう。

筆頭がAmazon GOです。マスコミでもよく報じられていますから、ご存じの方もおられるでしょう。簡単にいうと、コンビニからレジがなくなるということです。レジもなければ店員も、少なくとも今のようなレジチェッカーとしての店員はいなくなります。店のゲートがあって、アマゾン会員が入ってきて、商品を取ってカバンの中に入れて出ていくだけです。

店員がレジで「合計何円になります」といって、お金を受け取るようなこともありません。手にとった商品が自動検知されて、その人のスマホにある何かの支払いのアプリ、アマゾンならアマゾンの仕組みで支払いが行われます。

全部センシングされて、センサーが勝手に決済を行うということですね。客はその場でジュースを手に取って飲みながら出て行けば終わり。これがＡｍａｚｏｎ ＧＯです。日本にはまだありませんが、２０１８年1月にアメリカ・シアトルのアマゾン本社横で開業してから、アメリカ国内で店を少しずつ増やしています。報道によれば、一般向け開業の1年ほど前からアマゾンが社内で社員向けに実験していた業態だったようです。

産業×テクノロジーの話に戻ると、アマゾンは本来ＩＴ企業で、ずっとｅコマースをやってきました。それがリアルの小売業に参入したといえます。コンビニエンスストアやスーパーマーケットに代表される小売業が、アマゾンというＩＴ企業による参入を受けたわけです。もしＡｍａｚｏｎ ＧＯが日本に登場して店を増やしていけば、日本のコンビニもレジをなくさないと客を奪われてしまいます。レジがないので、朝の混んでいるときにレジに並ぶ必要がなく、さらにアマゾンの世界的なブランド力もありますから、たいへんな強敵になるはずです。

日本の例も挙げましょう。

2018年春にマザーズに上場したメルカリという会社があります。この会社は中古品流通、リユースの業界にイノベーションを起こしました。

リユースの店というとセカンドストリートやブックオフなどが有名です。今まで私たちは着なくなった衣類を整理するとき、要らない服を紙袋いっぱいに入れて、リユースショップに持って行きました。お店のカウンターでこれ売れませんかと30分から1時間をかけて査定を待ち、これとこれは売れますがこれは無理ですと返事があって、売れなかった服を持って帰ってなどということをやっていました。

でも、私たちの選択肢は広がりました。個人間で取引する。売りたい人はメルカリのマーケットに個人で出品して、買う人は欲しいものがあったら買えばいい。店舗だと来店した人しか商品を見られないけど、アプリならどこにいるかわからない無数の人が見てくれる。ＣｔｏＣ、店舗なんか介さずに個人間で売買しなさいというプラットフォームです。商品の査定はしませんから、その分のコストも削減できます。

このＣｔｏＣのプラットフォームを初期に確立したのはＹａｈｏｏ！オークションですが、新興のメルカリはスマートフォンを基本デバイスとして、売りたいものをスマホで撮ってアップするだけ、という手軽さで幅広いユーザーの支持を獲得していきました。これは従来のリユース業界に大打撃を与えていて、ブックオフ、セカンドストリートなど有名チェーンの売上げにも影響が出ています。要はＩＴベンチャー企業によって、既存企業の業績が下降する状況があるということです。

既存企業がＩＴを活用した例として、ＺＡＲＡがあります。

ＺＡＲＡはスペインのＩＮＤＩＴＥＸという企業が運営する世界的アパレルブランドです。ここが２０１８年春、期間限定ではありましたが実にチャレンジングな店を六本木につくりました。

このショップにはレジがあります。来店客はフロアにある服を試着します。気に入って、これ買いますとなったらバーコードでスキャンしたら終わり。後ほどＺＡＲＡから自宅にその服が送られてくるのです。

何を想定しているかというと、これから飲み会だけどちょっと時間が空いたのでＺＡＲＡに立ち寄り、欲しい服が見つかったけど、大きな買い物袋を飲み会に持っていきたくない。その場合買って家に送ってもらうということをやれば、買い物袋を持ち歩かなくてよくなる、というような客への気遣いあるサービスです。

ｅコマースの要素を取り込んで、ショールーミングに特化した店をつくったのがＺＡＲＡです。これは先ほどいったＩＴ企業が既存産業に参入してきたパターンではなくて、既存の小売り・アパレル産業がＩＴを活用して新たな時代に向かおうとする例です。こうした取り組みは、既存産業が今後成功するためにきわめて重要になってくるだろうと思います。

ものづくりは足かせ

クラウドはもう優劣が決まっていると書きました。勝者はアマゾンです。ここで、日本企業がクラウドで勝てなかった理由についても述べておきたいと思います。

日本企業がまったく何もしなかったわけではありません。システム系の大手企業が様子を見ながら、クラウドの部署をつくったり、営業の謳い文句としてクラウドを使うようになったりはしていました。しかし、力の入れ方は諸外国とは比べものにならないぐらい弱いものでした。どうしてだったのでしょう。

通信環境が2G、3Gと変化して日本にも本格的なインターネット時代がやって来たのですが、私のみるところ、日本の大手企業は、ネットの進化によって実現するエコノミー、社会をそもそも想像できていなかったと思います。

日本の産業は長く製造業を中心に生きてきました。このあたりに、大手企業の方々が未来を読めなかった原因があります。日本が得意だったのはハードウェアのビジネスでした。優れたハードをつくって売る。その精緻さが世界中で高い評価を受けました。ハードウェアの成功体験が大きかったので、この成功体験を捨てられませんでした。

一方、米国のIBMは、事業展開の中途で、パソコン事業部を思い切って中国企業に売却しました。日本でも人気の高かったパソコン「ThinkPad」が中国Lenovoブランドに替わるということでIT業界以外でも話題になりましたが、それは2004年のことです。IBMは15年前、3Gの時代にその決断をしていたのです。

日本企業はハードを捨てられない状態が続いて、最近ようやくパソコン事業の再編が起こりましたが、遅きに失した感は否めません。経営学でいう「イノベーションのジレンマ」の典型で、かつて成功したハード部門を中心に企業の仕組みが出来上がっていると、インターネットの、ソフトの社会到来に適した変革がやりにくくなる。今でも、ネットサービスなんて、しょせん薄利で儲からないよねとか、パソコンは今後もなくなったりしないよ、のような声が普通に聞こえてくるのが日本の大手企業の世界です。

「四種の神器」の中でも早く登場したクラウドで日本が勝てなかったのは、インターネットの時代に出遅れたこととイコールです。この敗北は今も引きずっています。AIを取ってみてもブロックチェーンを取ってみても日本企業は先を走れていない。何かにつけスピードが遅いと思います。

先ほどのAmazon GOを思い出してみましょう。アマゾンがレジのない店を開発しているとき、日本の小売業はセルフレジ設置を広げている。労働人口が減って人手が足りないからレジ係の人を不要にしよう、でもレジは残す、という発想です。すでに経験された方もたくさんいると思いますが、人々は有人レジの前に並ぶ代わりに、無人レジの前に並んでいます。結局レジの行列は何も変わりがありません。アマゾンはレジすらない。この差はとても大きなものです。

レジそのものが不要という発想に立てないのは、人々がオンライン化していることを日本企業が認識していないからです。客が常にオンラインの状態なら、決済もオンラインで済む、レジのような装置の前に行列をつくらなくても、どこでも決済できるのではないか、という発想は自然に出てくると思います。

小売業の関連でいえば、非接触のICタグを商品につけて、スキャンして決済するRFIDの世界も、もう時代の流れからは外れてきたと考えています。ICタグというハードをいかに安くつくるかという取り組みが長く続きましたが、今後は画像・映像認識で全部やれるようになりますから、タグ自体が不要です。

総じていえば、製造業を死なせてはならないという発想こそ、日本の足を引っ張っています。既存産業はそのままあるべき。従業員や取引先に不安を抱かせてはならない。そんな発想から抜け出せない以上、未来にこうありたいという姿を追うことなどできっこありません。

すでにあるものを救いながら、進化もして、なおかつ世界に負けない、とやっていると全部出遅れるのはいうまでもないことです。

既存産業とＩＴ

本章のまとめとして改めて申し上げると、ＩＴ・通信の進化によって、これから超スマート社会が１００％来ます。

そうなったとき、どの業界の方々も「四種の神器」を使いこなさなければ仕事になりません。逆に、これらを使いこなすことによって会社に成長がもたらされます。

程度の差はあれ、ＩＴ企業が必ずどの産業にも進出していきます。そのときに勝てる状態になっているかどうか。既存産業の方は、負け組にならないように事業のあり方を確認していただきたいと思います。

進化するＩＴの流れをとらえて今後のビジネスを考える上で、最も新しく、最も社会を変える可能性を持つ技術といえるのがブロックチェーンです。本章で理解していただいたバックグラウンドを踏まえて、次章でその中身に迫っていきます。

第2章

ブロックチェーンの正体

ブロックチェーンの誕生と4つの技術

本章では、前章でごく簡単に触れたブロックチェーンについて、できるだけわかりやすく説明したいと思います。実をいうと技術的な進歩が今現在も続いていていてこのところちょっとしたカオスになっていますが、基礎知識としては次のように理解していただければ大丈夫です。

ブロックチェーンとは、大きく分けて4つの技術を組み合わせたものと理解してください。

①暗号化技術
②コンセンサスアルゴリズム
③ピア・トゥ・ピア(P2P)
④DLT(分散型台帳技術)

それぞれ、順を追って見ていきましょう。

① 暗号化技術

暗号化技術というのは普通に使われているものです。ほとんどの方がEメールを使っていると思いますが、みなさんが書いたテキストがそのままでインターネットに出ていくわけではありませんね。暗号化されています。それと一緒です。これは一対一のトランザクション、1回のやりとりごとにその取引の記録が暗号化されることを意味している技術です。ポイントは「1回の取引ごと」。1トランザクションのセキュリティ対策に不可欠なのが暗号化技術ということだけ頭に入れておけば大丈夫です。(図2-1)

※ブロック管理

2つ目のコンセンサスアルゴリズムに進む前に、暗号化技術の関連として必ず説明しなければならないことがあります。ブロックチェーンという名前の由来になっている、ブロック管理といわれる手法です。ちょっとだけややこしいですが、例え話で考えれば特に難しいことではありません。

この手法は、個々のデータを一まとめにして管理するという発想に立っています。1取引が暗号化されている。そしてこの取引データが一定数溜まったら1個のブロックに固める、と思ってください。たとえば引っ越しの際の、食器を運ぶことを考えてみましょう。食器が割れたり、傷むことに対し十分に注意するには、食器を1点ずつ紙などで包んでそれぞれ同サイズをビニール袋に入れます。そしてビニール袋入りの食器類を数点まとめてダンボール箱に詰めて、その後そのダンボール箱をガムテープで止めて、中身は「皿」「グラス」などと書いて保管する。そんなイメージです。それぞれ安全に梱包した一つひとつのものを集めて一個の箱にまとめて、箱にまた封をする、というのがブロック管理です。

実際のブロックチェーンでいえば、このブロックの中にはデータが入っています。たとえばビットコインだと、1ブロックに4200件の取引データが入ります。それだけ入ると封をする。ビットコインならブロックに封をし、確定させるまでに約10分かかります。世界中で次々発生するビットコイン売買や送金などの取引データを貯めてブロックに閉じる。また貯めて閉じる。貯めて閉じる。これを繰り返します。

ブロックチェーンを構成する4つの技術
① 暗号化技術（デジタル署名）

（図2-1）

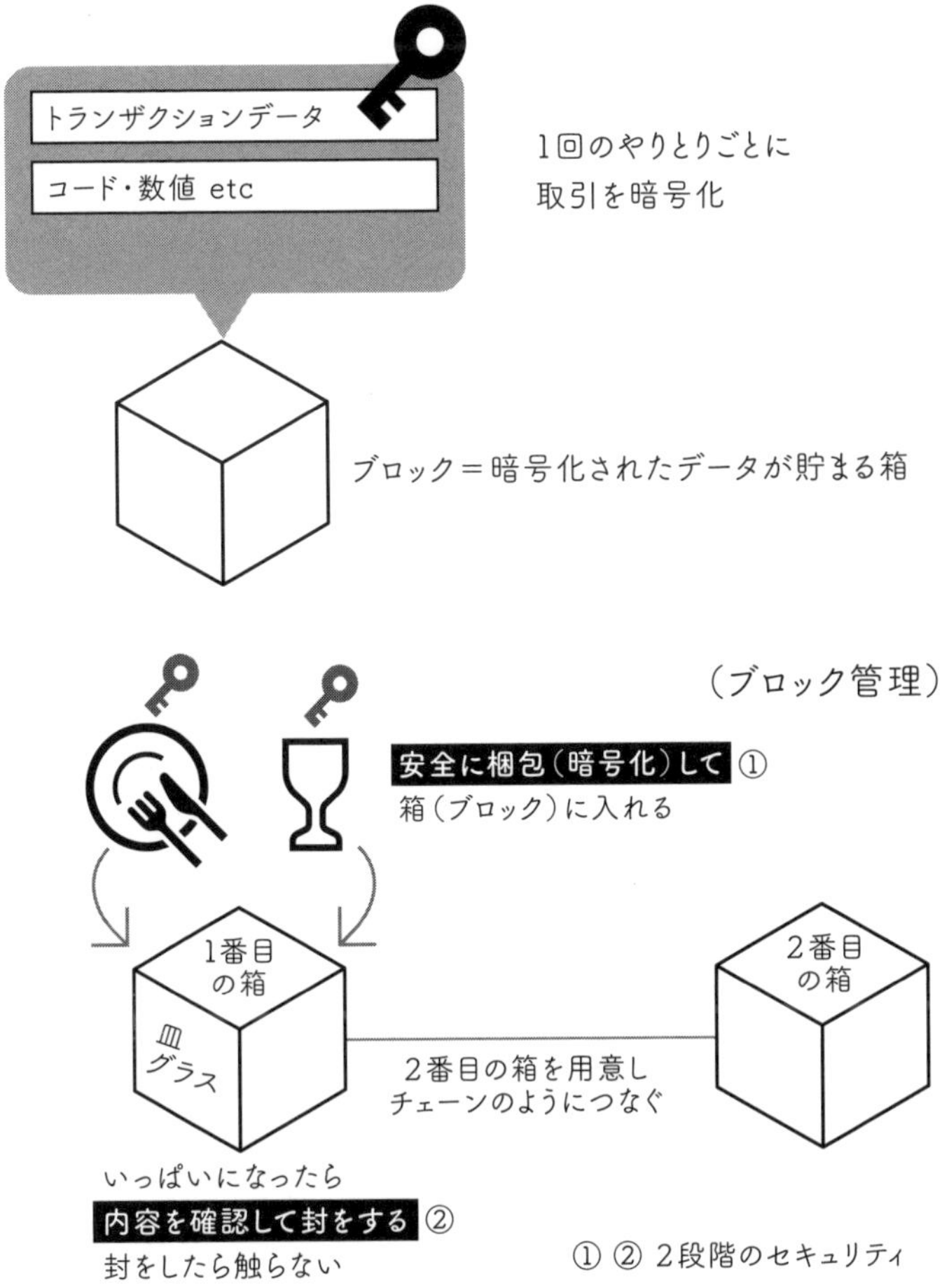

例え話に戻ると、そのうちいっぱいダンボール箱ができますね。箱を閉じて、次の新しいダンボールが来たとき、前回のダンボールとこの新しいダンボールが順になっている、つながっているということがわかるようにしないと収拾が付かなくなってしまいます。きちんと管理するためには、1番目のダンボールに保管したら次は2番目のダンボールと、後で誰にでもわかるようにチェーンのようにつないでいく。

実際のブロックチェーンでも、要は番号でわかるようにしています。連鎖させているわけです。専門用語でいうところのハッシュとか、ナンスとか、いろいろなテクノロジーでつながりがわかるようにしています。

ここは特に大事なところですが、どれか1個のダンボール箱を開けて中身を入れ替えると、前後のダンボールとの番号のつながりがなくなってしまうという特徴があります。順番につながっていく状態を保つには、ダンボールの中身を触ってはいけないのです。

ここまでを振り返ってみましょう。取引が行われたら、まずこの取引の記録を暗号化する。暗号化された取引データがどんどん増えて貯まっていく。これらをダンボールに入れて、また封をする。また取引が発生して新しいダンボールを用意する。入れてまた封をする。さっきのダンボールと今のダンボールの順番がわかるようにつなげる。これがブロック管理というわけです。

②コンセンサスアルゴリズム

そしてコンセンサスアルゴリズムです。ブロックチェーンではブロックが時系列でつながっていくと今申し上げましたが、そこには、ブロックを生成するためのルールが必要になります。参加者が嘘のブロックをつくって勝手につなげていったら大混乱になりますから。

暗号化されたデータをブロックにするとき、これでブロックにしていいですか、本当にこのブロックには正しい情報が入っていますか、といちいち全員に確認してからブロックの封をするのがブロックチェーンのやり方です。たとえば、ダンボールにいっぱい服を詰めましたと。みなさん見てください、ほかの変なものは入っていませんよね、と見せます。確かに変なものは入っていません、とみんながＯＫをくれたら封をします、こんなことをやっています。（図2-2）

この、みんなからＯＫをもらうという「合意形成」の作業。この作業が、コンセンサスアルゴリズムと呼ばれていて、ビットコインでいえばマイニングといわれる作業になります。マイニングはマスコミにも時々登場する、よく聞く言葉ですね。

マイニングをやるのが、マイナーと呼ばれる人たちです。マイナーたちがブロックをつくってはこの合意形成をひたすら続けることによって、セキュリティの担保をしているわけです。

世の中でいえばコンセンサスアルゴリズムというのはいろいろな手法がありますす。たとえば一番のボスが「よし、俺が確認したから大丈夫だ、お前ら文句ないよな」といって「はいＯＫです」となるパターンもあれば、「みなさん大丈夫ですよね」といって、過半数以上が大丈夫だといえばＯＫするパターンとか、全然ひとつでは

ブロックチェーンを構成する4つの技術
② コンセンサスアルゴリズム

（図2-2）

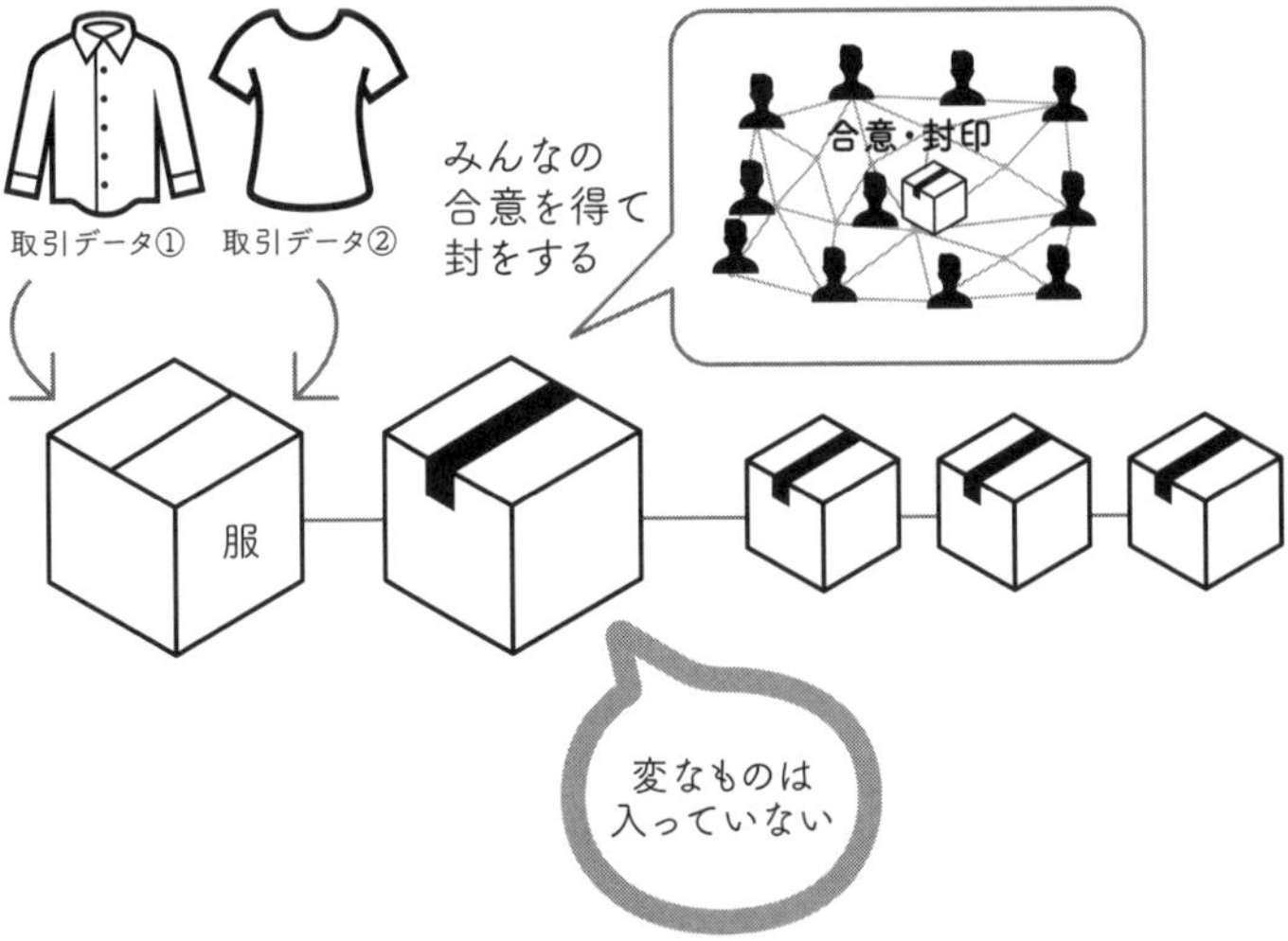

合意形成＝コンセンサスアルゴリズム

取引の連続性を保ち、
過去データの改ざんを防ぐ

ない。ブロックチェーンにおけるコンセンサスアルゴリズム技術について掘り下げると、プルーフオブワーク（ＰｏＷ）[1]などさまざまな用語が出てきます。本書では後ほど、ビットコインが採用している合意形成の手法について解説します。ここでは、とにかく合意形成の手段はいろいろだ、ということを押さえてもらえれば大丈夫です。

ここで再度振り返ります。まず1件のトランザクションに対してセキュリティ対策をとる。その1件1件をまとめたブロックについてもセキュリティ対策をとり、なおかつ、ブロックにまとめる際にそのこと自体に対してみんな大丈夫だよねという確認をとる。セキュリティ対策が何層にもなっているのがブロックチェーンの特徴です。

③ピア・トゥ・ピア（P2P）

今、「みなさんこれで大丈夫ですね」と全参加者に確認をとるという行為について述べました。でもよく考えたら、これはどうやってやるのでしょうか。これを可能

1 **プルーフオブワーク（PoW）** 取引データを記録する前に、そのデータが改ざんされていない、正当なものであることを承認するための仕組み。承認（proof）するために膨大な計算作業（work）をこなさなければならないため、こう呼ばれている。

2 **シェアウェア** ソフトウェアのライセンス形態。無料で使うことができる「お試し期間」を設け、終了後も継続する場合には有料ライセンスの購入を要求する。

にしているのが、個々の参加者同士が通信するピア・トゥ・ピア（P2P）技術です。

Winny（ウィニー）と聞いてピンとくる世代はきっと30代から上だと思いますが、実はこの技術です。Winnyは今から約15年前に大流行したPC向けシェアウェア[2]で、個人のPCを無数につなげてネットワークをつくり、データの交換を可能にしていました。主にやりとりされるデータが実態として違法コピーの音楽ファイルだったり映画ファイルだったりしたので著作権法違反で逮捕者[3]が出て、利用者に有罪判決が出ました。ちなみに開発者も逮捕されたことで世界中の注目を浴びたため、Winnyを使ったことがなくてもこのアプリ名を覚えている方もいらっしゃるでしょう。（図2-3）

Winnyは扱ったファイルには大いに問題がありましたが、テクノロジー的には素晴らしかったのです。誰かが取り仕切って音楽配信をしていたわけではなく、個人間でやっていた。中央集権ではないシステムです。ビットコインのようなものを15年ぐらい前にやっていたわけです。このときのP2P技術がブロックチェーンに使われています。

3 **著作権法違反で逮捕者** 京都府警が2004年5月、Winnyの開発者である金子勇・東京大学特任助手（当時）を逮捕した。府警は前年に利用者2人を著作権法違反容疑で逮捕しており、金子氏にも、Winnyを開発して公開した行為が著作権法違反の幇助（手助け）にあたるとの疑いをかけた。2006年に京都地裁は有罪判決を下したが、2009年に大阪高裁が無罪判決を出した。2011年に最高裁が検察の上告を棄却したことで金子氏の無罪が確定したものの、P2P技術は社会的なダメージを受けた。金子氏は2013年7月に42歳の若さで死去した。

さあ、またブロックチェーンの様子を覗きましょう。ある取引データが発生しました。この取引について、P2Pでつながったすべての参加者に同じ情報が流れ、それぞれが確認して取引が完了します。そうやって多くの取引が完了して、これらの取引データをひとまとめにした参加者が「ブロック1個完成した！」といったら、その情報もまたP2Pで全参加者に流れます。これが承認されるとまた全員が、ブロックが完成したという同じ情報を持ちます。少し説明を先取りしていうと、この情報が台帳に記録されます。分散型台帳、DLTといわれるもので、すぐ後で説明します。

理解していただきたいのは、どこか1カ所のPCやサーバーが故障したとしても、ほかが同じ情報を持っているので大丈夫という構図です。まさに分散型。中央集権だと一つがデータを持っていてそこを潰されたらアウトだけれど、全員が持ち合っているからデータがなくなることはない。こうした状態を実現できるのがP2P技術です。

ここ1カ所が機能を失うと全体が機能しなくなる地点を「単一障害点」といいま

ブロックチェーンを構成する4つの技術
③ ピア・トゥ・ピア(P2P)

(図2-3)

P2P技術を応用したファイル共有ソフト「Winny」

中央サーバーを介さずファイル送受信を可能とした
日本人開発者によるシェアウェア

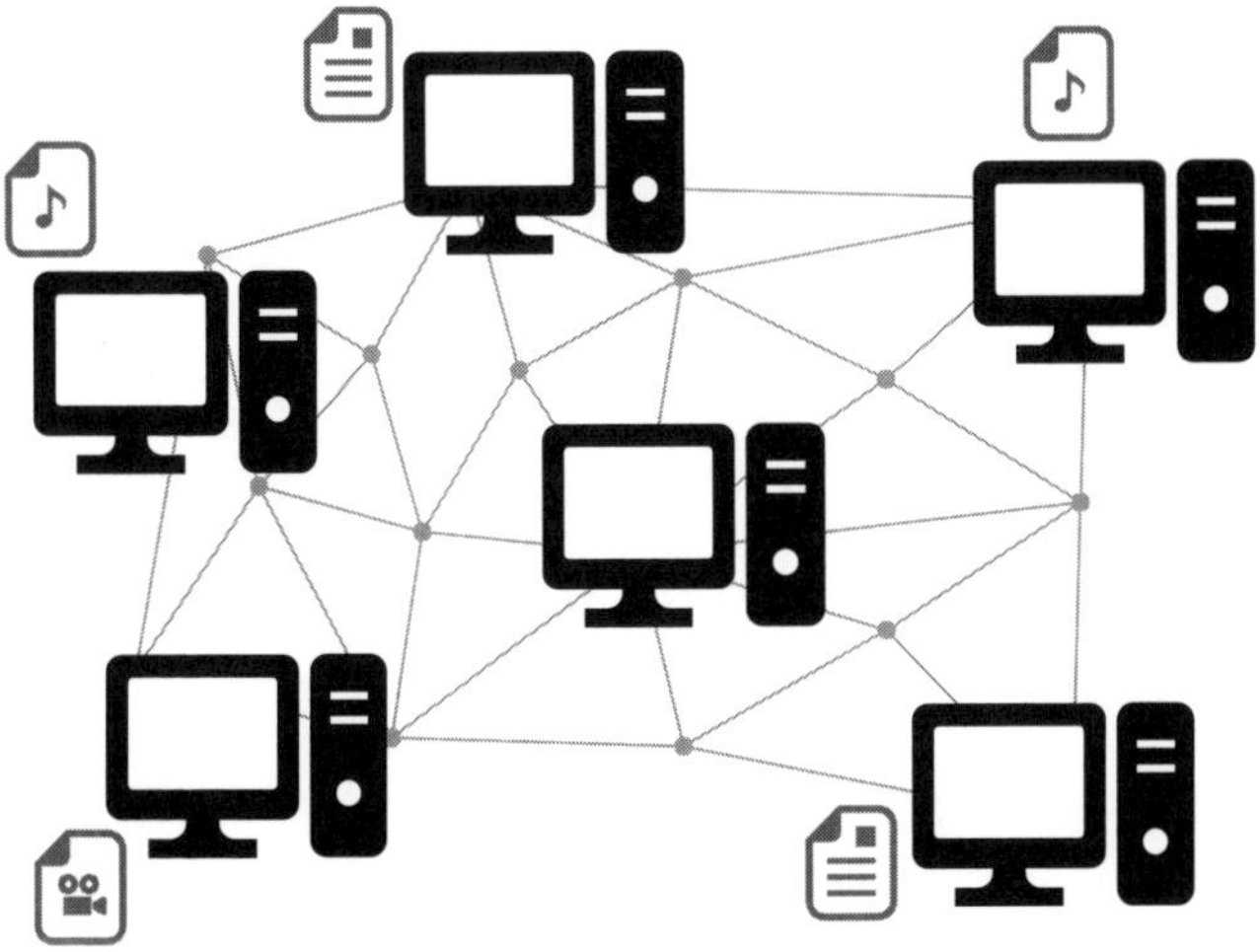

P2Pネットワーク

すが、これを回避できるわけです。世間では銀行のATMや、株式の取引所などでサーバーがダウンして全体が使えなくなりましたということが時々あります。でも、P2P技術で分散型ネットワークをつくると、どこかで不具合が起きたから全体が止まるようなことはありません。この技術がブロックチェーンを支えています。

④DLT（分散型台帳技術）

最後がDLTです。言葉としてはDistributed Ledger Technologyの略で、文字通り分散型台帳技術を意味します。先ほどいったP2Pでつくる分散型モデルの中の、1カ所1カ所に台帳を持っている状態です。（図2-4）

たとえば銀行が、私の預金口座からマイナス1000円、Aさんの預金口座にプラス1000円、のような取引の処理をするとして、口座データは銀行が持っていますね。万が一、銀行が突然なくなってしまったらどうでしょう。銀行がなくなるのが極端だとしても、データに何かが起こったらどうでしょう。大混乱になります。

そのときたまたま残ったデータがあっても、それが正しいか正しくないかわから

ブロックチェーンを構成する4つの技術
④ DLT（分散型台帳技術）

（図2-4）

分散型台帳技術＝台帳を共有して分散管理する仕組み

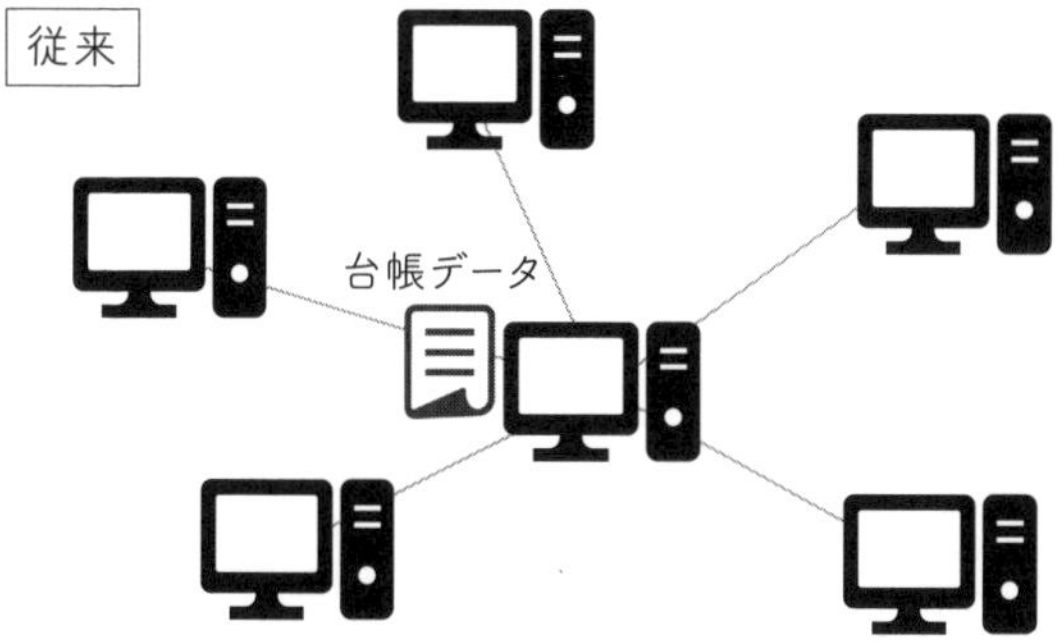

中央型台帳「セントラルレジャー」

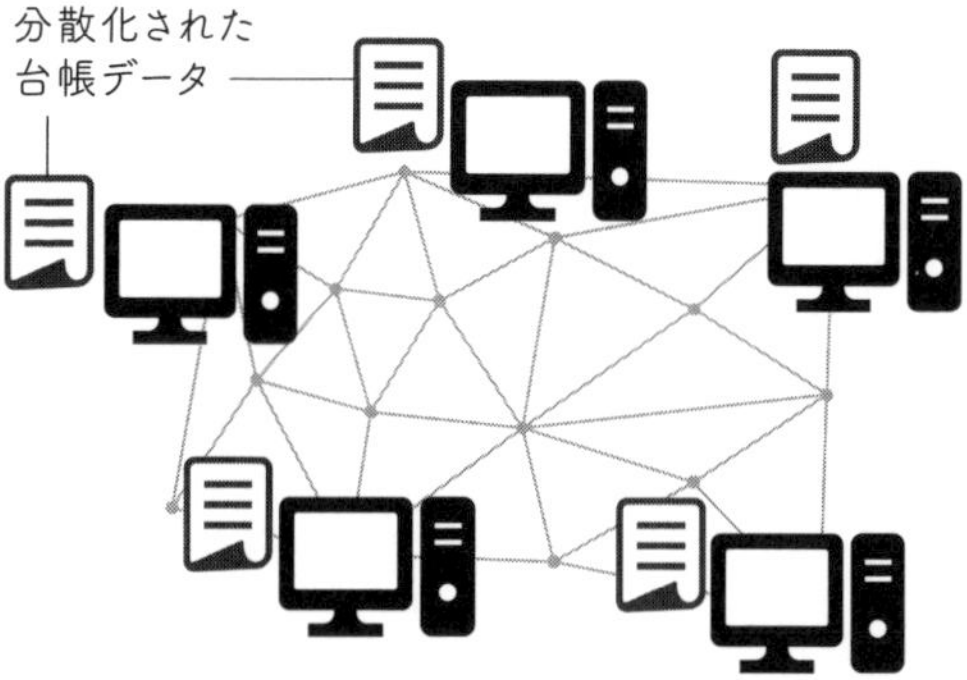

分散型台帳「ディストリビューテッドレジャー」

なくなります。

その点、ブロックチェーンのＤＬＴであれば、それぞれがそれぞれのデータを持っています。私が実はＡさんの預金通帳も持っている。Ａさんも私の預金通帳を持っている。みんなで持ち合いますからこうなります。持ち合うことによって、もし一カ所でＡさんのデータが消去されても、みんなＡさんのこと知ってますよ、情報持ってますよ、という状態になります。

「預金通帳を他人に見られてしまうの？」と驚く方もたくさんいらっしゃるでしょう。ここはとても重要で、ブロックチェーンのデメリットともいえる点です。みんなが持っていてチェックするということは、そのデータを誰でも見ることができるということです。例として通帳の話をしてみましたが、実際には、どこの誰が貯金をいくら持っている、という情報をブロックチェーンに入れることはあり得ません。詳しくは次章で述べますが、プライバシーに直結しない情報を入れるのがブロックチェーンの正しい使い方です。

ＤＬＴの最大の利点は、データ改ざんへの強さです。万が一、どこかでデータ改ざんが起きたとしても、ほかのほとんどでは改ざんされていない。たとえば私が悪人だったとして、善人のパソコンに侵入して、分散型台帳を書き換えたとする。でも残りの圧倒的多数の台帳は改ざんされていないから、比較すればあれ?おかしいぞ?となる。そうすると全部の参加者が一斉に台帳を書き換えない限り、改ざんは事実上不可能になる。だからブロックチェーンは、改ざんできないことを担保されているといわれるわけです。

ここまで述べたように、「ブロックチェーンの技術とは?」と訊かれたら、４つあるというのが私の説明です。少し面白いのはこの４つがどれも、特に新しい技術ではないということです。以前からある技術が、今までにない形で足し算されて、構成されたアルゴリズムとして成り立っている。それがブロックチェーンです。

ブロックチェーンは「信用」をもたらす

ここまで技術的な基礎知識を整理してきました。さらに話を進める前に、本質的な部分で一点、押さえていただきたいことがあります。本書は技術書ではなくビジネスパーソンに向けた本です。技術というものは知的興奮に溢れていて、それ自体本当に素晴らしく、わくわくするものですが、ビジネスの文脈においては、ブロックチェーンが私たちに何を提供するのか確認しておく必要があります。それは、信用です。

信用って何でしょうか。たとえば、私たちがなぜ銀行にお金を預けるかというと、銀行を信用しているからです。何も疑問を感じることなく信用している。銀行だけではなく、国も同じです。日本国という国を信用しているから、日本の国のルールに則っています。

この信用はこれまで、中央集権の構図から生まれていました。確たる、全体をまとめてくれる何かがあって、それを信用する世界観。これは人間社会がつくってきたものです。

それがここにきて、ＩＴの技術が信用をつくろうとしています。確たる管理者のいない分散型ネットワークシステムが、人間社会における信用の新しい源泉になろうとしている。

システムが十分信用できるようになれば、さまざまな手間が不要になります。今までのように信用している銀行に一回一回取引の承認を得る、ハンコを押す、正確かどうか確認してもらって手数料を取られる、ということもなくなるでしょう。お金の取引の話だけでなく、国レベルもそうです。日本国を出て、ある国に入るときにこの人が信用あるかないか窓口に並んで時間をかけてチェックされるとか、突き詰めればそういったことも不要になります。

人間が管理しないネットワークシステムが、人間の信頼を獲得する。これこそブロックチェーンの革新的な面です。本質の議論は主に第4章で踏み込んでいきますが、ここから先の話もこのことが底流にありますので、ぜひご留意してお読みください。

ブロックチェーンの最大の運用例「ビットコイン」

ブロックチェーンはどんなところで採用されていますか、ユースケースを教えてください、と聞かれることがあります。最大のユースケースは、本書でも何度も触れてきた仮想通貨、ビットコインです。

多くの方に誤解があって、仮想通貨とブロックチェーンは同じものと考えられがちです。「それは違います」と大きな声で申し上げなければなりません。

ブロックチェーンというのは、仮想通貨を実現させているテクノロジーであり手段です。仮想通貨というのはブロックチェーンという手段を使ったサービスの一つ、目的の一つにすぎません。ですから、ブロックチェーンを手段としていても、仮想通貨ではない別のサービス、といったケースも当然出てきます。

このあたりを正しく理解していただくためにも、ここでビットコインについて詳しく述べていきたいと思います。あのブームが何だったのかについても触れるつもりです。

技術的な話になりますから、ひょっとすると本書の中では最も読みにくい数ページになるかもしれません。でもお付き合いいただければ、今まで解説した4つのテクノロジーが具体的にビットコインの運用の中でどのように活躍しているのか、イメージできるようになるはずです。おさらいの意味もあり、繰り返す部分も含めて読んでみてください。技術的な話はわかってるという方は斜め読み、あるいは読み飛ばしていただいてもかまいません。

発行主体は？

まず、ビットコインというのは2008年にサトシ・ナカモトという人が論文で仕組みを発表しました。この人はインターネットの技術者コミュニティに英語で投稿していた人で、日本人の名前ですが日本人とは限らず、未だに正体はわかっていません。そして2009年の1月3日に一番初めのブロックが作られました。先ほどのブロック管理のお話で例えとして申し上げた、最初のダンボール箱です。ここで最初のビットコインが発行されました。

ここで私から質問です。ビットコインは誰が発行していますか？

サトシ・ナカモト氏でしょうか。違います。ビットコインの特徴は、発行主体を持たないことです。無理矢理にでも発行主体を特定したいなら、「ブロックチェーン技術が発行している」というべきでしょう。

特定の誰かが発行しているわけではないけれど、ブロックチェーンによって誰でも利用者＝参加者となることができる。そして、そのプログラム自体や取引履歴が検証できるようになっていて、透明性・信頼性が高い仕組みとなっています。

誰かがビットコインの利用者になり、取引を行うためには何が必要でしょうか。まずは「ビットコインウォレット[4]」という、いわばその人専用のお財布を持つことになります。

正確にはビットコインの仕組みでは個人情報は管理せず、全てをウォレット単位のＩＤで管理しますので、実際にはＡさんがウォレットを２つ持っているとか５つ持っているとしてもそれは考慮しません。ですから現実のビットコイン利用者数とＩＤの数はイコールにはなりませんが、ここでは１人１ウォレットを前提としてお

４ **ウォレット**　ビットコイン参加者それぞれが持つ、財布に相当するもの。インターネットにつながっているものを「ホットウォレット」、つながっていないものを「コールドウォレット」と区別する。前者は便利な半面、ハッキング被害のリスクがあり、後者はセキュリティに強いが不便という関係にある。２０１８年１月コインチェック社で仮想通貨「ＮＥＭ（ネム）」の流出事件が起きたときには、同社が「ホットウォレット」でＮＥＭの管理を行っていたことが主因とされる。

話します。

個人が、自分の責任で管理するＩＤとパスワードによって、ビットコインネットワーク内でウォレットを手に入れます。実はこのウォレット、日本語で「財布」を意味しますが、中に仮想通貨が入るわけではありません。ウォレットに保管されるのは、ＩＤに紐付いた、このＩＤだけの「秘密鍵」と「公開鍵」という特別な鍵だけです。

2種類の鍵で暗号化

この2種類の鍵は、先述の暗号化技術によって一つひとつの取引をセキュア[5]に扱うために必要となるものです。というのも、ビットコインの取引は、まず「どれだけの量のビットコインをいくらで買いたい／売りたい」といった注文を暗号化することからスタートします。この暗号化のためにどうしても必要となるのが秘密鍵と公開鍵で、これが格納されているというわけです。

5 **セキュア** secureは、「安全である」の意。セキュリティ（security）の形容形。IT分野では、システムやネットワークが安全な状態であることを示す。

２種類の鍵を使った暗号化の具体的方法についてはかなり技術的な内容になるので、本書では省略します。まずは、参加者の財布に通貨がチャリンチャリンと貯まっていくわけではないと思ってください。

このウォレットが働くのは、インターネット上ではなく個人のデバイス上です。暗号化の作業が、ブロックチェーンネットワークに注文を送り出す前段階の作業だからです。ブロックチェーンネットワークは、いうまでもなくインターネット上にできています。ウォレットでの暗号化作業は、例えるなら私たちが普段ｅメールを誰かに送るときに、個人のパソコンやスマホでメールの文章を書いているイメージです。まだ送信ボタンを押していない状態と同じです。

ビットコイン取引の注文が、ウォレットにある秘密鍵と公開鍵を使って暗号化されます。暗号化された後は、むろん誰でも簡単に解読できないような文字列へと変換されています。これを「ビットコインアドレス」と呼びます。このアドレスと公開鍵が、誰にでも見られるところで表現される唯一無二の文字列になります。片や秘密鍵の方は絶対に他人に見られてはなりません。

暗号化技術で無事、注文が暗号化され、独自のビットコインアドレスが生成されると、ここで初めてインターネットの世界へ注文情報＝ビットコインアドレスが飛び出します。

インターネットへ飛び出す方法もｅメールなどとは異なります。ｅメールの場合は宛先が決まっていますので、その相手にだけ送ることになりますし、そもそも宛先以外に届いてはならないものです。ですが、ビットコインの場合は、最終的にネットワーク参加者全員に届く必要があるのです。

インターネットを介して、参加者全員に届けて「この暗号化されたビットコインアドレスは、正しいでしょうか？何か不正はないでしょうか？」と確認を依頼するのが次の段階です。

全ノードが確認

この全てのビットコイン参加者を「ノード」と呼んでいます。具体例として、参加者のパソコンを思い浮かべればわかりやすいでしょう。実際にはもっと大きなサーバーや個人のスマホも含まれます。無数のノードが、それぞれつながって無数の結節点となり、蜘蛛の巣のようなブロックチェーンネットワークを形づくっているイメージです。

各ノードは、送られてきたビットコインアドレスが正当なものかどうか、確認することができます。ビットコインの取引が成立するためには、全てのノードからの承認を得なければなりません。

ちなみにこうしてビットコインアドレスがインターネットの世界へ飛び出して、全てのノードへ送られる事を「ブロードキャスト」と呼びます。

ブロードキャストされたビットコインアドレスは、自分から一番近いノードへと送られ、正当性を認められると、次から次と近くのノードへ伝播される仕組みになっています。

各ノードは、中央集権的にどこか特定のハブを介してつながっているわけではなく、ピア・トゥ・ピア（P2P）技術で、ノード間で直接やりとりしています。

こうして全ノードから有効確認を受けたアドレスは、どうなるのでしょうか。ここは意外に知られていないようですが、ビットコインネットワーク内にある「トランザクションプール」という場所に溜められます。

このプールには、全てのビットコインアドレスが集められ、溜まっていきます。ただ、注意が必要です。溜まっているアドレスは全ノードが有効と判断したアドレスですが、それぞれはまだ注文として承認されてはいないのです。まだ最終的な決済を終えていないということです。「検証済みだが未承認のトランザクション」というういわば中途半端な状態で、プールに溜められています。

どうすれば取引として最終的に承認してもらえるでしょうか。次なる作業は、このトランザクションプールに溜まったビットコインアドレスをブロック詰めすることです。先ほどダンボール詰めに例えて、コンセンサスアルゴリズムとして解説した部分です。

ビットコインの場合、コンセンサスアルゴリズムにはＰｏＷ（プルーフオブワーク）といわれる手法を採用しています。実はアルゴリズムはたくさんあって、各ブロックチェーンによってさまざまですが、本書ではビットコインのＰｏＷを説明します。

ＰｏＷを理解するために知っておくべきことがあります。ビットコイン参加者、つまり各ノードの役割についてです。

ノードの役割を分類すると、次の４種類になります。

①ウォレット
②ルーティング
③マイニング
④フルブロックチェーンデータベース

①のウォレットは初めに述べた通りです。そして暗号化されたビットコインアド

レスがウォレットから出てきて、これを全ノードが検証するといいましたが、この全ノードによる検証のことを②ルーティングと呼びます。

そして③のマイニングが、今回のコンセンサスアルゴリズムを実行する大きな役割を担います。先にも簡単に触れましたが、少し詳しく見ましょう。

改めていうとマイニングとは、トランザクションプールに溜まった検証済みビットコインアドレスを、ブロックへ詰めていく作業のことです。前述のように、1ブロックに約4200件のビットコインアドレスが格納されます。これをやるノードが「マイニングノード」または「マイナー」です。

トランザクションプールは全参加者に公開されていて、誰でも中身を見ることができます。ですから、ある意味、マイニングをやる資格は誰にでもあります。実際マイナーの正確な数はわかりませんが、ブロックチェーンネットワーク上にたくさん存在し活動しています。

ただ、マイナーがたくさんいるからといって、あちこちでいろいろな種類のブロックが出来上がるわけではありません。最終的に完成させるブロックは、1回の作業あたり原則たった1つです。1つのブロック詰めに何故多くのマイナーが取りかかるのか？これがビットコインを理解する上での重要なポイントとなります。

トランザクションプールに溜まっているビットコインアドレスは、ルーティングによってすべてのノードで検証を終えています。これらをブロックに詰めるマイナーが、もしも1人だけだったらどうなるでしょう？　このマイナーは、ブロック詰めの段階で悪さをするかもしれない。改ざんするかもしれません。

したがって、敢えてマイナーが何人もいる状態をつくって、競争させる。これがビットコインの特徴です。

マイナーはブロックを生成するために、ある値を導き出す非常に複雑な計算クイズのようなものに正答しなければなりません。たくさんのマイナーが、その数字をはじき出すスピード競争を行います。一番早く正答し、ブロック詰めを終えたマイナーが勝利するわけです。

この計算競争に勝つため、高性能なコンピューターがたくさん必要になります。もちろんそのための電気代も場所代もかかります。

マイナーはどうして、このような面倒な競争に参加するのでしょうか? 理由があります。そこに、勝者だけが得るインセンティブが用意されているからです。インセンティブは、トランザクション毎の報酬と新規発行されたビットコインをもらえることです。これをめぐって、熾烈な競争が今も繰り広げられています。

日本円のような一般的な通貨なら中央銀行が新規発行しますが、ビットコインの場合は分散型で管理者がいませんから、新規発行主体が存在しません。このため、ビットコインのプログラム自体が、マイニング勝者のインセンティブとして自律的に新規発行する仕組みになっています。

クイズを解いてブロック詰めに成功したマイナーは、「自分が一番先にブロックをつくりました」と宣言して、今回競争に参加した全てのマイニングノードにブロードキャストします。この検証はマイニングノードだけで行われます。完成したとされるブロックに不正がないかチェックされて、全マイニングノードが承認すると、最終的にブロックとして確定します。勝ったマイナーは報酬として新規ビットコインを得ます。

こうして確定したブロックおよびビットコインアドレスは、台帳に記録されることとなります。ここで使用する技術がＤＬＴ（分散型台帳技術）です。ＤＬＴにより、④フルブロックチェーンデータベースへと書込みが行われます。

このフルブロックチェーンデータベースというのは、ビットコインの歴史をすべて記録しています。大きなサーバーを思い浮かべてください。世界に何台あるのか正確にはわかりませんが、全トランザクションデータをコピーして持っている。ノードとしては「フルノード」と呼ばれるものです。どこかのデータが壊れても、別のフルノードから持ってくればいいわけです。

ビットコインのノードは大別すると「フルノード」と「ライトノード」に分かれます。よくある誤解で、ビットコインでは１００％すべてのノードが１００％完全なデータを持ち合っている、という方がいます。個人のスマホもノードですが、そこにビットコインの全歴史は入りっこありませんね。軽量なスマホは、軽量な役割しか持たないライトノードの一つです。

ライトノードは、チェックするだけのノードです。先ほど、ビットコインで取引が発生するとトランザクションが全ノードを巡ると書きました。そして全ノードが、入ってきたトランザクションをチェックします。このとき「OKでした」と返事を返すだけで、チェック済みのトランザクションを残さないのがライトノードです。このような違いがあります。

さて、ブロック詰め競争が1レース終わると、すぐに次のブロック詰め競争が始まります。このようにブロックの生成が連続的に行われます。

ブロックが連続してつくられることが、また極めて重要な点です。

連鎖とセキュリティ

生成されたブロックには、前後のブロックとの連続性を証明できるような仕掛けが組み込まれています。

このブロックの次につくられたのはそのブロック、次はあのブロック、と、ブロックごとに連鎖していく仕組みです。マイナーがブロックをつくるとき、一つ前にできた最新ブロックの内容を部分的に反映するようなつくりかたをするのです。少し前に「ダンボール箱の順番がわかるようになっている」とたとえた部分です。

これが、ブロックがチェーンのように連なっている状態を連想させるため、ブロックチェーンという名がついています。

この連鎖が、セキュリティ面で役立ちます。仮に、悪意あるマイナー、または外部のハッカーが、ある1つのブロックを改ざんしたとしましょう。絶対にやれないことではありません。そういうと「なんだ改ざんできるじゃないか」といわれるかもしれませんが、もしブロック内のデータを消したり書き換えたりすると、ブロックの中身が変わることになります。すると、不正のあったブロックとほかの正常なブロックとの間で不整合がおきます。不正はすぐに発覚するのです。

改ざんして、不整合が起きないようにするための方法が一つあります。改ざんしたブロックと前後のブロックの間で整合性がとれるように、前後のブロックの中身も改ざんしてしまう方法です。ただこうすると前後のブロックとその向こうのブロックで不整合が生じる。ですから、その向こうのブロックも改ざんするしかない。そうやって、チェーンを辿るようにして全ブロックを改ざんすれば、改ざんが成功するわけです。

でもこれはとても困難です。マイナーがたくさんいて競争しているという現実を思い出してください。改ざんのスピードが問題になってきます。

新しく次から次にブロックができてきますね。改ざんして前のブロックをさかのぼって改ざんしていくと、さかのぼること自体は可能ですが、その間に別の新しいブロックができます。普通にブロックができるよりも速いスピードで改ざんしていかなければ、改ざんは成功しない。スピード勝負が改ざんを難しくしている。このあたりは、ビットコインのコンセンサスアルゴリズムの非常に優秀なところです。
いかがでしょう。これで充分とはいいませんが、ある程度ビットコインの仕組みとブロックチェーン技術についてイメージできますでしょうか。

ビットコインブームと「大馬鹿理論」

ビットコインは何年も、テクノロジーに関心の強い人たちにしか知られていませんでした。それが、２０１６年から翌１７年にかけて事実上の投機商品として世に知られることになりました。価格が上がり、世界的な投資家と呼ばれる人たちがこぞってビットコインについて発言するようになります。そして特段テクノロジー志向というわけではない一般の人々もビットコイン取引所に口座を開設するようになりました。

ところでなぜ投資家がビットコインに関わるようになったのでしょう。一般的なイメージでいえば、投資家は株式や為替を動かしているのではないでしょうか。

株式や為替というのは、価格の上がり下がりに関して多少の分析材料があります。企業のＩＲ情報なり、国際情勢なり、確実とはいえないまでも少なくとも根拠のある投資ができる。しかしビットコインは分析材料がほとんどありません。上がるか下がるかわからないビットコインに、なぜ投資家が手を出すのでしょうか。

なぜ人々はビットコインを買うのか。これについて、ビル・ゲイツ氏が２０１８年春に「大馬鹿理論」と評して大きな話題になりました。彼はテレビ番組の中で'greater fool theory' type of investmentといったのですが、これは、値上がりしているものを実態に関わりなくひとまず買って、遅れて買おうとする馬鹿な人（さらに馬鹿な人）に高く売る、これがあちこちで起きて価格が上がるという構図を意味します。売買されるもの自体に本当に価値があるかどうかは関係ないわけです。

わかりやすい例を挙げると、ネットニュースなどに出ていましたが、あるお笑い芸人がちょっと早く仮想通貨を買って、周囲の芸人仲間に「儲かるぞ」っていって回って、それで遅れて芸人たちが仮想通貨を買ったけどかえって損をした。これが大馬鹿理論の具体例ですね。

これは、バブル発生の一つの原因でもあります。簡単にいうと、誰かが自分より下の立場の人間に対して、「お前、これ儲かるから絶対買った方がいいよ」と薦める。その話に乗って買った人も、自分より無知な人に対して「オレがいいこと教えてやるよ」って薦めて、この動きが徐々にヒエラルキー[6]の下の方に浸透していく。儲かるか儲からないかわからないけどあの先輩芸人が儲かるっていってるからちょっと買ってみるか、となる。買った芸人は別の芸人に「ビットコイン儲かるぞ」とささやいて「え、マジすか」と。

何の根拠もないけれど、地位が上の人からいわれたらそんな気になってきます。逆に、自分が地位的優位に立ちたいから、自分よりも下だと思っている人に薦める。買った人たちに「なんでビットコイン買ったの?」というと「儲かりそうだから」という。この動きがヒエラルキーの一番下、最も人が多いところまで届いて、みんながワーッと買ったらその直後に何が起きるか。大勢の人が、文字通り馬鹿を見るわけです。

6 **ヒエラルキー** 組織の構造を表す言葉の一つで、階層制、階級制ともいわれる。格や権限などに上下関係があり、上の方ほど構成員が少なく、下に行くほど構成員が多い。組織図を描くとピラミッドのような三角形になるため、ピラミッド型ともいわれる。

値上がりする設計

実は、投資家がビットコインに投資をする根拠といえるものが一つだけあります。何かというと、発行数が限られているという事実です。ビットコインというのは非常によく練られていて、インフレを防止するために発行する量が最初から決まっています。際限なく増え続ければ一つ一つの価値は下がっていきますから、これを防ごうとする設計になっています。ある時点で、最終的にもうビットコインはつくられない状態まで行くのです。

このタイムリミットについてお話すると、2140年で発行予定量100％になるように設計されています。ここを過ぎたらもうビットコインは新しく発行されることはない。何かトラブルでも起きない限り、2028年には98％、2032年に99％に達するはずです。

限られた数量しかないビットコインには稀少性が出ます。残りの数が減れば減るほど、これからつくられる数は限定的だから価値が出て、価格が上がることが期待できます。一部の投資家は、ビットコインの構造上、数の上限が決まっていることを根拠に買っています。これだけといえばこれだけですが、非常に重要な点でもあります。ビットコイン価格はここ2年ほど激しい上下の動きを見せたものの、基本的に、構造的には値上がりするようにできているということだからです。

ですからビットコイン投資自体はまだ「あり」だろうと思います。ただ、暴落の危険も常にあります。２０１７年末に起きた下落の比ではない大暴落が来るかもしれません。これは先ほどの大馬鹿理論とは別次元の危険です。

というのも、ビットコインの保有割合が特定の人に偏っているという事実があるのです。ビットコイン発行量のだいたい9割を、上位１％の人（ＩＤ）が保有しています。上位３％まで広げれば、発行量のほぼ97％を占めるといわれています。ビットコインは先ほど述べた通り、当分の間、基本的には値上がりする構造にはなっていますが、新規発行終了後も永遠に上がる保証はまったくない。どこかで、持ち続けていても今後の展望がなくなるタイミングが来て、多くの大口保有者が売りに走ることになります。ラストデイです。まだ大口保有者は今を売りのタイミングとは考えていないように見えますが、もしラストデイが来て9割が売却などという事態が起きたら大変なことですね。

ビットコインは「通貨」になるか

仮想通貨という呼び方が適切かどうか、という議論もあります。日本の金融庁が「暗号資産」に改めるとの報道もありました。ここでは、呼び方はさておき、ビットコインが「通貨」になり得るかについて考えてみたいと思います。

最初に法的な部分を見ましょう。2017年4月に日本で改正資金決済法[7]が施行されて、実は世界で初めて、仮想通貨というものが国レベルで定義されました。その内容は、決済手段に使える財産的価値であるという定義です。法律上は「財産的価値」であって、通貨と明言しなかったのですが、決済手段に使える通貨に準ずるイメージで書かれています。単純にいうと、国として「通貨としては認めませんが決済手段としては認めます」としているのが資金決済法です。これが、ビットコインブームの一因ともなりました。

7 **改正資金決済法**　「資金決済に関する法律」の改正。この法律自体、プリペイドカードや電子マネーなど決済方法が急速に多様化してきたことを受けて2010年4月に施行された比較的新しいもの。昨今ビットコインなどの取引が広がってきたことから、2017年4月の改正で仮想通貨に関わる規定が盛り込まれた。定義のほか、取引所を金融庁への登録制とすることを定め、これにともなって取引所運営業務のガイドラインなども公表された。

ただ、法的な位置づけよりも重要な問題は、機能として、通貨として使えるかどうかということでしょう。この文脈で考えると、先ほどいったようにビットコインはその9割を上位1％が保有している。決済に使われるビットコインは2％にもならないでしょう。

ビットコインを使うのではなく保有して、ラストデイを迎える直前の価格が高い状態で売却しようと思っている投資家がいます。ほかにビットコインをたくさん持っているのが、前述の、ブロック化の作業をしているマイナーたちです。

マイナーは事業として、報酬としてビットコインをもらいます。彼らは大きな体育館のようなところにパソコンをぎっしり詰め込んで、ひたすらマイニングをしている状態です。報酬として得たビットコインを貯め込んでいて、一部を投資家に売っている感じです。

ですから、実は個人が家電量販店でビットコインを使えますといったところで、比率としてはごくごくわずかなのです。ほとんどの部分を一握りのマイナーや投資家たちが回していて、いつ大量売却が起こるかわからないのが実態です。これを通貨として扱うのは危険すぎるというのが私の考えです。給料はビットコインで払いますなんていう会社があったとしても、ラストデイが来たら1カ月の給料でジュース1本買えなくなります。

暗号資産は円に代わる存在になるか。ビットコインを例に考えてみました。私の答えは「なり得ない」。ただ、今後数年ぐらいなら投資・投機という金融商品の一つにはなり得る。でも非常にボラティリティ[8]の高い、危険を伴った商品。そんなふうに考えています。

犯人捜しはブロックチェーンの仕事ではない

ひとつ補足的に説明したいと思います。通貨の話を、別の角度から見てみましょう。そもそもお金とは、という観点からビットコインや仮想通貨はどう考えられるでしょうか。

まずお金というものを2分類する、1990年代からいわれている方法を見ておきましょう。この2種類です。

8 **ボラティリティ** 価格がどれぐらい上下するか、を指す。価格変動が激しい場合を「ボラティリティが大きい」といい、価格があまり変わらないことを「ボラティリティが小さい」という。

・オープンループ型
・クローズドループ型

オープンループ型は今の世の中で流通している一般的なお金です。日本円もこれです。中央銀行、つまり日本銀行がお金の発行量を把握しています。どれぐらい世の中にお金が出回っているかは把握できている。でも、発行したお金が市中でどう動いているかは管理されていません。たとえばお札には固有の番号が振られていますが、何番のお札が誰の財布に入っているか、どのお店のレジにあるか、誰にもわかりません。だからもし盗まれたお金だったとしてもその証明は実際には難しい。発行は管理するけどその先どう流通するかは管理しない。これがオープンループ型。今のお金です。

一方のクローズドループ型というのは、Ｓｕｉｃａや楽天Ｅｄｙなどに代表される電子マネーが典型です。これは全取引がサーバーに記録されるので、発行と、それがどう流通しているかを管理されている状態です。クローズドループ型は、交通機関の利用や店での買い物には便利に使えるとしても、今のところ個人間のお金のやりとりには使えないケースがほとんどです。発行主体としては、個人間でのお金の貸し借りなどを管理するのはかえってプライバシー侵害などのリスクを抱えることにもなります。

仮想通貨はオープンループ型なのに流通が記録されるという点で、お金のモデルとしては理想的な面も持っています。発行され、個人間で流通し合えて、なおかつすべてが記録されているというのが仮想通貨の特徴。どこの誰から別の誰かに何円渡った、という個人情報が丸裸になるのかと思われるかもしれませんが、ブロックチェーンというのは所有者をＩＤでしか認識していません。ですので、このＩＤの所有者がどこの誰なのかは、少なくともブロックチェーンネットワークの中で特定されることはありません。仮想通貨は、オープンループ型とクローズドループ型のいいところを足し算した感じです。

そもそもブロックチェーンには、悪い人を探す機能はありません。自由主義的な発想の下に設計された、極論すれば性善説に基づいたシステムです。どのＩＤが何をしたかは追跡できますが、そのＩＤ所有者の個人情報を暴くのはブロックチェーンの仕事ではありません。人間の管理はブロックチェーン以外の技術でやるべきことでしょう。もし仮想通貨が関係する犯罪が起こったとして、どこの漫画喫茶のパソコンから操作していました、といった話はブロックチェーンとは別のテクノロジーで追跡できます。そこは、やれるテクノロジーでやればいいというのが私の考えです。

仮想通貨やブロックチェーンがこの世のすべての課題を解決する、というのは幻想にすぎません。このあたりは社会的な話になってきますので、次章に譲りたいと思います。

バンドル/アンバンドル

ブロックチェーンの機能を語る上で、「バンドルとアンバンドル」というキー概念があります。束ねることと、ほどくこと。ちょっと抽象的に聞こえるかもしれませんが、ビジネスの文脈でブロックチェーンを考えるときには重要な発想です。

ブロックチェーンを活用することによって、バラバラになっているものを1個にまとめることができたり、その逆に、無理に1個にまとめられていたものを個別に解放したりすることが可能になる。そんな意味です。以下、具体的にお話します。

第5章で改めてご紹介しますが、私たちは北海道で、複数の調剤薬局が在庫を共通管理する実験を実施しました。調剤薬局の業界というのは、大手による寡占化があまり進んでいません。個人経営の薬局も多く、それぞれが在庫としてたくさんの薬を持っています。ところが薬にも消費期限というものがあります。在庫の薬が期限切れ間近で廃棄となることで、薬局は経営が圧迫されます。

そこで私たちはブロックチェーンを使って、知らない薬局同士が、それぞれ持っている在庫を融通し合えるシステムを構築しました。まったくバラバラだった薬局間につながりをつくり、一つのネットワークを形成する構図です。

もちろん薬局同士が経営統合したわけではありません。コンビニエンスストアのような、チェーン本部という仕切り役に管理してもらう形でもない。それぞれの薬局は独立していて、互いに面識も、信頼関係もありません。でも連携して一定の機能を果たす。これが、ブロックチェーンが得意な「バンドル」の具体例です。今まではー社ごとに完結してバラバラに存在していたところに、会社の垣根を越えたネットワークをつくり、機能させる実証実験をやったわけです。

私が時々いただくご相談の中に、「うちの会社のシステムのどれかをブロックチェーンに変えたい」というものがあります。企業内のシステム部からだったり新規事業企画室からだったりいろいろですが、お聞きしていると大体、「実は社長からブロックチェーンを入れろと命じられまして」といった事情をお持ちのケースがほとんどです。

はっきり申し上げますが、一企業の、一システムにおいてブロックチェーンを入れてもほぼメリットが出ません。その発想は捨てた方がいい。一企業内ではなく、異なる企業間で協力体制をつくるときに役立つのがブロックチェーンです。各社でコンソーシアム[9]を組んで業界を良くしよう、同じルールの下、ブロックチェーンで情報を共有していきましょうとなれば非常に役に立ちます。普通、企業間連携をするときには幹事会社を立てて、事実上は特定の有力会社が主導してネットワークを

9 **コンソーシアム** 共同事業体、企業連合体などともいわれる。複数の企業や団体が、何らかの目標を実現するために結成するチームのことを指す。

運営することになりがちですが、ブロックチェーンはいったんシステムが動き出せばどこが管理者ということもありません。各社の独立性を保ったままで複数の会社を束ねる、まさにバンドルが実現します。

逆にいうと、一個にまとめられていたものをバラバラにして売ることにも向いています。たとえば保険商品が考えられます。現状では、ある会社のある保険商品は、「人生なんとかプラン」という名前の下、この場合の補償、あの場合の補償というたくさんの補償が1パックにまとめられています。これをバラバラにして、保険会社ごとの区別もなく並べて、「好きなのだけ選択してください」ということも管理会社不在のブロックチェーンなら可能になります。これが、まとめられていたものをほどいて、より細かい単位で機能するようにすること、すなわち「アンバンドル」の例です。

何々生命の商品、ではなくて、介護はA生命、ガンはB生命、でもガンの先進技術治療の補償だけはC生命、といったこともやろうとすればできる。利用者にしたらそれが一番いいですよね。でも現実には保険各社さんが囲い込むから、会社単位で選択しなくてはいけないわけです。この足かせを取り外せたら理想的だと思いませんか。そのために役立つのが、特定企業を管理者にしなくていいブロックチェーンです。

パブリック／プライベートの違い

「パブリックブロックチェーン」と「プライベートブロックチェーン」という言葉を聞いたことがあるでしょうか。この違いはたいへん奥が深いですから、これもぜひご理解いただきたいです。（図2-5）

まずパブリックの方から入りましょう。こちらの最大の特徴は、誰でもネットワークに参加できるということです。そもそもブロックチェーンの始まりがパブリックでした。サトシ・ナカモトがブロックチェーンで運用するビットコインを提言したわけですが、誰でも参加可能なオープンなネットワークで、まさにパブリックです。管理者が本当にいません。

その次に、誰でも参加できるわけではない、限られた参加者だけでつくるブロックチェーンが出てきました。これがプライベートブロックチェーンです。このネットワークに参加するためには誰かに承認してもらわなければならない。そこには承認する側の存在、つまり管理者がいるということです。

なぜプライベートブロックチェーンができたのでしょうか。この理解はとても重要になります。理由は明らかです。本当に管理者のいないパブリックブロックチェーンだと、今の中央集権型の社会や組織に馴染まず、結果としてシステム会社が仕事を得られないからです。

管理者がいないということは、万一トラブルがあったときに責任を取る人がいないことを意味します。今の社会や組織では、システムがあればそこには管理者がいなければならないはず。管理者を明確にできる現行のシステムから、投資をして管理者不在のシステムに変更して、今までの組織形態と見合うかは疑問です。

現実として、今すぐパブリックブロックチェーンを普及させるのは難しい。今の世の中が受け入れやすいようにカスタマイズしたブロックチェーンをつくらないと仕事にならない。それなら管理できる、ビジネス寄り、収益寄りのブロックチェーンをつくろうよということで、プライベートブロックチェーンが出てきました。疑似ブロックチェーンといってもいいかもしれません。

技術的な面から見ましょう。パブリックだと悪意を持った人でも参加を拒めないので、多数決による合意形成が極めて重要になります。この点、プライベートだと参加者があらかじめ決まっていて、悪意があると見なされる人はそもそも入れませんから、原則として多数決が起きません。プライベートではブロック化をやらない例もあり、そうなると合意形成の重要性はさらに薄まります。

時折「ブロックチェーンの限界は」という話題を耳にするのですが、私にいわせれば限界はすでに一度来ました。管理者なしで誕生したパブリックブロックチェーンが、ビットコインをはじめとする仮想通貨以外にはほとんど普及しないという形で限界を迎えた。これへの対応策として、管理者が存在するプライベートブロックチェーンが出た、というのが私の認識です。

ブロックチェーンを基盤とした 2種類のプラットフォーム

（図2-5）

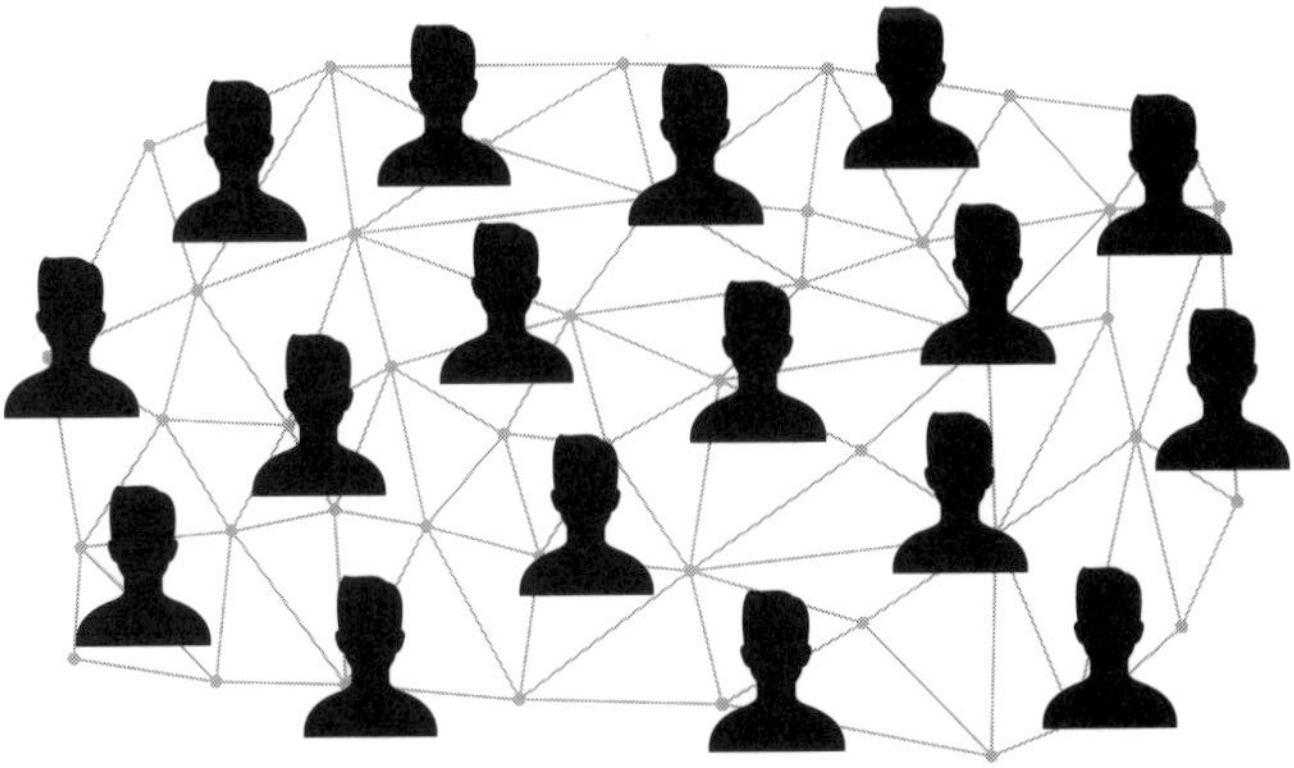

パブリック型

不特定多数のノードが
参加する可能性あり
不正が起きにくい仕組みが必要

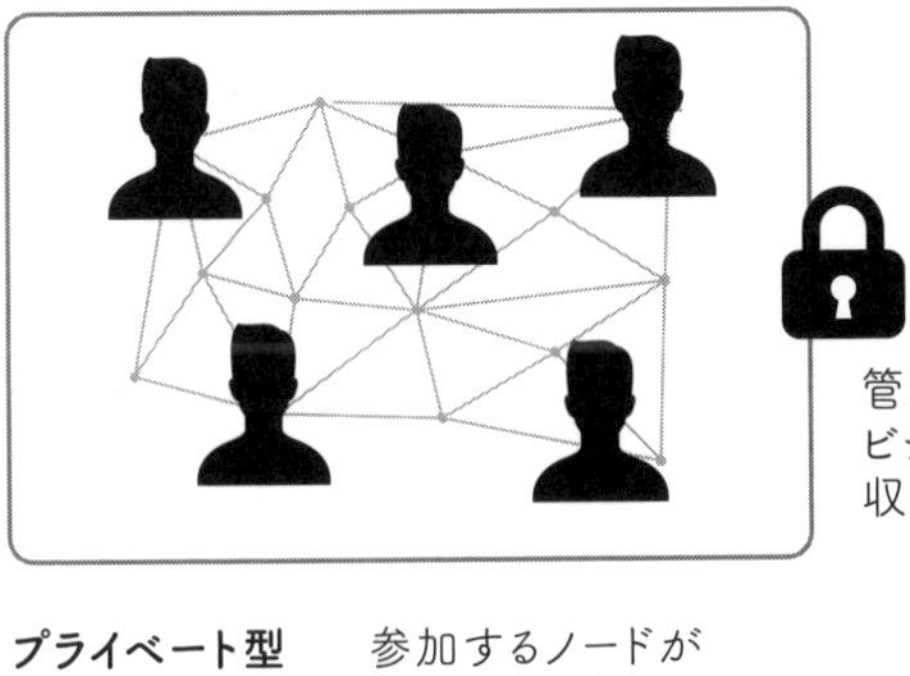

管理できる
ビジネス寄り
収益寄り

プライベート型

参加するノードが
特定されるため
不正発生リスクは低め

今の世の中向けにローカライズされたものとしてプライベートが出てきて、システム会社がそれをいろいろな企業・団体に売り込んで、みんなが職場で一生懸命使おうとしている。でもメリットを出すことに成功しているのは、一職場への導入よりも、前述したような別々の企業体をバンドルさせるコンソーシアム型です。そもそもブロックチェーンを入れることの意味って何だったのだろう、という疑問に今立ち戻っているところではないかと思います。このあたりは次章、および第4章で詳しく見ていきます。

ブロックチェーンの認知拡大

ブロックチェーンをめぐる社会環境はここ数年で激変しました。私が本格的にブロックチェーンの情報収集を始めたのは2015年ごろでしたが、サトシ・ナカモト論文から年数が過ぎているにもかかわらず具体的な情報はとても少なく、日本語の情報はさらに少なかった。前年のマウントゴックスの巨額流出事件がマスコミで報じられたため、ビットコインの名前がネガティブなイメージでやや知られるようになっていたものの、ブロックチェーンについて理解している人はあまりいなかったと思います。

――ついえば、2014～15年ごろというのはシェアリングエコノミーという言葉がかなり広がってきた時期でした。シェアサービス自体はもっと前に始まっていましたが、テクノロジー志向ではない方々にもUberやAirbnbの大きな成功が知られるようになり、急速にシェアが注目されるようになった時期です。

ご承知のようにシェアリングエコノミーというのは個人対個人、つまりP2Pで取引をします。当時注目されたのは、中抜きする仲介業者は今後必要なくなるという議論でした。実はこういう議論と、ビットコイン、ブロックチェーンの世界観はかなり重なるものです。でも人々の99%はシェアリングエコノミーのビジネスモデルに興味関心があって、一方でビットコインとか仮想通貨、ブロックチェーンっていうのもあるよね、という情報が1%ぐらいという、そんな状況でした。マウントゴックス事件もありましたから、ブロックチェーンに積極的に関わろうとする人はまだまだ少なかった。

私自身も当初はシェアリングエコノミーについて研究していたのですが、これを追求すると結果的にブロックチェーンの世界観に行き着いたというのが率直なところです。２０１６年には自分の中で整理ができてきました。ブロックチェーンによって、シェアリングエコノミーのようなビジネスモデルが進化を遂げる、こんな未来像に確信を持てるようになってきました。

そのころ日本にブロックチェーンの協会が２つ立ち上がっていて、その加盟企業数はまだまだ少なく、ほとんどが仮想通貨系という環境です。私はもともと金融の方に進むつもりはありませんでした。仮想通貨ではなく、社会や組織を変えるテクノロジーとしてブロックチェーンを活用していく方向に針路を取りました。

「仮想通貨派」と「テクノロジー派」

２０１７年は資金決済法の改正があって、ビットコイン価格が２００万円を超えるような大ブームが起きて、世間的な注目度という点に限ればブロックチェーンも節目の年だったといえるでしょう。

ただ、仮想通貨ブームはやはりブームにすぎません。価格下落で飽きられたといってもむしろ正常化しただけです。ましてブロックチェーンの可能性に何か影響を与えるものではありません。ブーム以前から、ブロックチェーンに深く関わる人は、「仮想通貨派」と「テクノロジー派」に明確に分かれていました。

私はテクノロジー派だったので仮想通貨取引には興味がありませんでした。でも仮想通貨派はものすごい盛り上がりを見せ、「億り人」になったりその後一斉に落ち込んだり激しい動きがありました。ビットコインを知って「これから仮想通貨で儲ける」とか「これは金融業界を変えるから僕も銀行になれるかもしれない、取引所をやるんだ」といって行動する人たちがいて、その一方、ビットコインよりもブロックチェーンがすごいんだと考えて、社会を変えるテクノロジーとしてのブロックチェーンにフォーカスした人がはっきり分かれていたということです。

ブーム以前からブロックチェーンに関わっていた人は、大手企業かベンチャーのどちらかが多かったように思います。ＩＢＭとかＮＴＴデータとかの大手は早めに参入していて、Ｒ＆Ｄチームが研究開発していました。それからベンチャー。サトシ・ナカモト論文が公表されたタイミングで、これは世の中を変えるかもしれないという評価とともに、テクノロジー界隈に情報が回りました。大企業とどちらが早かったかといったら完全にこちらです。ビットコインに始まって、スマートコントラクトを内包したイーサリアム[10]などいろいろな技術が出てきて、さらに次なるものをつくろう、世界を変えられるかもしれないからといって、必ずしも大企業所属ではないテクノロジーの人たちが動き始めた。この流れの中に大手企業が入っていき、わかりやすくて目立つトピックスとして「金融を変えるかも」というテーマがにわかに盛り上がったというイメージです。

ブロックチェーンは落ち込み知らず

初期に動いた、大企業所属でない人たちというのは、立場はさまざまですがハイレベルなエンジニアたちです。ハッカー的といったら聞こえが悪いですが、独立系の、企業に所属してないケースも多い人たちが、社会を変えるテクノロジーだと興奮していわば勝手に技術開発をしてそれを発表していってという状態。そこに大手が少しの時間差を置いて関心を持ってついてくる。

10 **イーサリアム** ビットコインに熱狂した若いエンジニアが2013年に始めた新しいブロックチェーン開発プロジェクトの名称。ビットコインのシステムが仮想通貨だけのためにつくられているのに対して、イーサリアムはさまざまな契約の管理・執行に使えるプラットフォームという特徴を持つ。契約の条件をプログラムしておけば、その条件に合ったときに自動的に契約が実行される「スマートコントラクト」という仕組みが備わっている。

ブロックチェーンは、始まりこそ物好きなエンジニアの娯楽のように見えたかもしれませんが、世の中を変えることが開発のモチベーションの一部となっている点で、もともと事業・ビジネスの性質を持っています。技術を生み出すことにテンションが上がる人たちと、事業化するのにテンションが上がる人たちの両方が関わって、役割分担している状態が続いているのです。

金融、仮想通貨だけを切り取ってみれば異常なブームが去って一時期より縮小しましたが、テクノロジーとしてのブロックチェーンは右肩上がりとしかいいようがありません。プライベートブロックチェーンが出てきたことで、企業・団体での導入、あるいは導入の検討が着実に増えています。

ただ、途中でも申し上げましたが、ブロックチェーン導入による大成功の例があまり聞こえてこないのも事実です。どうしてなのか。次章でそのことを考えてみたいと思います。

第3章

普及を阻むもの

ブロックチェーンはビジネスになっていない

ブロックチェーンを取り入れたこんな実証実験が始まったとか、有名な企業が新たにブロックチェーンに取り組み始めたとか、毎日のようにニュースが流れてきます。インディテールでもさまざまなご相談をいただくようになりました。世界を変えるテクノロジーだと誰もがいう、そのような様子をみると、ブロックチェーン企業にはかなりのお金が流れ込んでいるように思われるのではないでしょうか。

意外かもしれませんが、実態はそうではありません。ブロックチェーンはまだビジネスとして成り立っていないと言い切ってもいいぐらいです。確かに仕事が増えてきてはいるものの、世間で騒がれている割に増加ペースはゆっくりです。ニュースの中身をよく見てください。要するに実験ばかりで、本格的な導入事例がほとんどないことにお気づきになるでしょう。

注目を集めながらも、みんなが飛びつくような段階にはまだまだ至っていません。ですから、早い時期に大きな投資をした企業はこのところ、軒並み厳しい状況にあります。ブロックチェーンのプラットフォームになることを狙って数年前からたいへん頑張っていた企業が複数ありましたが、それぞれに苦戦されて、投資家からさらに資金を入れてもらったり、いつの間にか経営体制が変わっていたりという現実があります。体力のある大きな企業ならまだ堪えられますが、中には、ブロックチェーンのエンジニアを雇ったけど給料が払えない、などという話も実際に耳にしたことがあります。

ちなみにエンジニアの側でも、ブロックチェーンの仕事が急拡大していないのを反映して、専門の人材が思ったほど増えていないという事実もあります。もちろん月日とともに絶対数は増えていますが、今すぐお金になりそうなジャンルとしてはＡＩの方が魅力的に映るようで、騒がれているほどにはブロックチェーンに人が流れてはいません。

話を戻すと、先行企業が大きく投資してプライベートブロックチェーンのオープンソースをつくったはいいが、利用者は期間限定の実験ばかりですぐ終わってしまって、充分なお金を回収できないというようなパターンです。

そう聞くと、あれ?ブロックチェーンは安くシステム構築できるから儲かりやすいのでしょう?と思われるかもしれません。確かに安いは安いのですが、これは、ブロックチェーンを利用してサービス運営をする側にとっての話です。その基盤となるブロックチェーンのオープンソースを開発するのは、実は結構なお金がかかることなのです。たとえるならビットコインの仕組みを一から構築するのと同じようなレベルですから。

私たちインディテールは自らプラットフォーマーになるつもりはないので、基盤のシステム開発には大きな投資をしていません。私たちは、原則としてすでに公開されているブロックチェーンのオープンソースを使い、そこに新しいアイデアや産業を掛け算して、まだ世の中にないサービスをつくろうとする会社です。ですから、最初に大きな投資をしてすぐに回収できなければ会社が傾く、といったリスクは小さいわけです。

ただ、それにしても、ブロックチェーンが実証実験の域に留まっている現状については もったいないと思う気持ちを否定できません。

一体どうしてでしょう。ブロックチェーンはどうして、本格的な普及のステージに進んでいないのか。私は日々、ＩＴ業界だけでなくいろいろな産業の方々とお話をさせてもらっていますが、その中で、ブロックチェーンに関してみなさんが感じている壁があるように思います。それは、「なぜ今ブロックチェーンを導入する必要があるのか」「なぜ既存技術ではダメでブロックチェーンならいいのか」という疑問です。すなわち、「Ｗｈｙブロックチェーン？」という問いにうまく答えられていない、ということです。

Whyブロックチェーン？

私は講演などでブロックチェーンの普及活動をしてきたため、ほかの産業の方々からブロックチェーンを使ったプロジェクト案について相談されたり、共同実験を持ちかけられたりすることが頻繁にあります。大変ありがたいことですが、実際のところ、お断りすることが多いのです。

もし私たちが、とにかく今すぐ仕事が欲しい、何でもいいからブロックチェーンの実績を増やしたいという会社なら、ご相談をいただいたら「それは素晴らしいアイデアですね、ぜひやりましょう」と片端から引き受けるでしょう。ですが私はむしろ逆に、「おっしゃるそのシステムですと、ブロックチェーン導入のメリットはほとんどありません」「あまり意味がないと思います」などと、はっきり申し上げるようにしています。

これまでの技術で大きな問題なく動いてきたシステムを、わざわざブロックチェーン技術で作り直す意味があるでしょうか？「ない」というのが私の答えです。大事なことは、単純に既存システムを置き換えることではなく、これまでの技術からは到底出てこないような、ブロックチェーンならではの新しいシステムを構築することだと私は考えています。

目の前の仕事が欲しいシステム会社の方ほど、ブロックチェーンをあたかも万能の、ありとあらゆる場面で活用可能な夢の技術であるかのように語ります。ところがこれはまさによくわかっていない人の説明で、実際にはブロックチェーンは革命的な技術ではあるものの、世の中すべての用途に向くわけではありません。

実社会に応用したときの特性・得手不得手についてきちんと理解することなく「とにかくブロックチェーンはすごい」と持てはやす論調は、メディアに登場する「識者」の方々にもまだ多い印象です。少々刺激的かもしれませんが、このいくつかを指摘したいと思います。

法律は超えられない

初めに、大前提として申し上げておきたいのは、ブロックチェーンは国の法規を超えて機能することはない、という当たり前の事実です。

以前からよく耳にするのが、「ブロックチェーンで所有権の管理を効率的・安全にやりましょう」という話です。不動産を例に挙げましょう。売買や相続であなたの土地の権利が移動したとき、自動で、改ざんされることなくブロックチェーン上に記録できます、と新興システム会社がいうわけです。なんとなく聞いたことがあるでしょう。

冷静に考えてみてください。少なくとも現時点で、土地を管理しているのは日本政府の法務局です。法務局が権利の移動を自動処理してくれるでしょうか。もちろんしてくれません。こんな書類を出せ、印鑑はこれだ、といういつもの煩雑な手続きを経ないと、実際には権利の移動は起こりません。現実的には司法書士さんに助けてもらうことになるでしょう。

ブロックチェーン上のデータとして、権利を移動することは簡単です。でも、だからといって、実社会の法的な手続きが不要になったわけではありません。ブロックチェーン上で権利の移動が起こっても、実社会でその移動は起こっていない。不動産だけでなく特許権なども同じですが、既存のやり方で法的に管理されているものは、いくら利用者側がブロックチェーンを導入してもどうにもなりません。ブロックチェーンが法律を超えることはないのです。日本政府が土地の管理をブロックチェーンで行うようになれば話は別ですが、その日はまだまだ遠そうです。

このように、「技術的にはいずれこんなことも可能になりそう」という未来の話と、今設計すべきシステムの話がきちんと整理できていない。少し考えればわかりそうなことですが、そうした噛み合わない論議があちこちで交わされています。

ブロックチェーンに向かないこと

繰り返しますがブロックチェーンは万能ではありません。万能でない以上、用途によっては導入をお薦めできない場合もあります。ここで、私がブロックチェーン導入をお薦めしないパターンをご紹介したいと思います。大きく分けると、主に3つとなります。

① 一件あたりのデータが大きい場合
② 特定のデータのみを検索してすぐ取り出したい場合
③ 管理対象が、個体管理に向かない場合

順を追って見ていきましょう。

① 大きなデータ（図3-1）

1つ目は、大きなデータの管理です。極端ですが、管理するデータが一件あたり数ギガバイトあって、それを1日何千万件、何億件処理しなければならない、というような案件があるとしましょう。これはブロックチェーンには向いていません。おやめになった方がいい。時間がかかりすぎるからです。

何を言ってるんだ、ブロックチェーンはビットコインのような膨大な数の取引をさばいてきているのではないかと思われるかもしれません。実はビットコインの取引データというのは一つ一つは短い文字列ですから、サイズがきわめて小さく、大きな問題にはつながりにくいのです。ところがそのビットコインですら、2017年の大ブームのときには一時的に送金に時間がかかるなど、遅延問題が起きていたのも事実です。もし、仮想通貨の小さな取引データどころではなく巨大な画像データが何百万件とあって、これをまるごとブロックチェーンで保存するとなるとこれは難しい。絶対にできないわけではありませんが、とても実用に堪えられる速度にはなり得ません。

ブロックチェーンに向かないこと
① 大きなデータ

（図3-1）

ビットコインの遅延発生

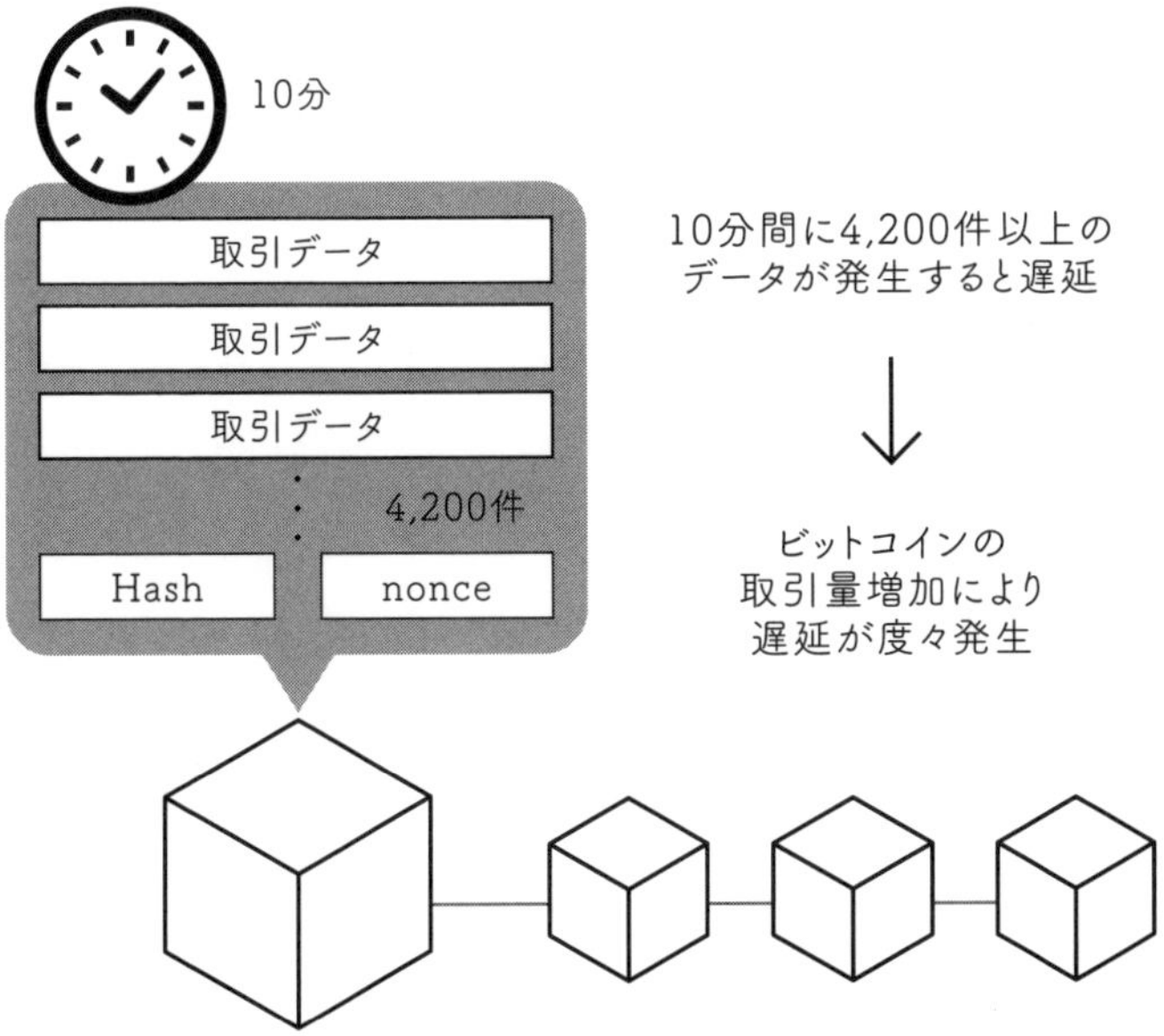

とはいえ、このパターンには解決策があります。ブロックチェーンと既存技術と組み合わせてシステム構築する方法です。思い出していただきたいのは、ブロックチェーンはそもそも台帳管理の技術だという点です。取引を記録していくものであって、取引される商品自体を保存する技術ではない。ですからブロックチェーンではコンテンツそのものは扱わず、コンテンツの目録と利用履歴の管理に特化する。こんなイメージを持ってください。

コンテンツ自体は、大きなデータに向かないブロックチェーンとは別に、従来技術によるデータベースに収めておくべきです。ただし、この際に非常に大事なことがあります。コンテンツを、単純な画像データと、データベース上のＩＤのみにしておくことです。この画像がいつ何の目的で誰によってつくられたか、何の情報も伴わない。もしこの画像が特定の誰かのプライベート写真に見える画像だったとしても、本物である証拠もまったくありません。

ここで、情報とはそもそも何のことか、改めて整理しましょう。例え話で考えてみたいと思います。私が病院に行って健康診断を受けたとします。そのときにレントゲン写真を撮りました。私が健康診断を受けたことも含めて、第三者に知られないようにしたい。さてどうしましょうか。

病院にはすでに、坪井大輔の住所や連絡先、これまでの健康診断の履歴やレントゲン画像データが存在します。「ブロックチェーンは堅牢なデータ管理システムなのだから、これらすべてをブロックチェーンに保存すればいい」となるかもしれませんが、ちょっと考えてみましょう。

この中で最も重要な情報は何でしょうか。仮に、レントゲン写真の画像が手元にあるとします。あばらが映っている。でもどの患者のものなのかわからない。もちろん性別や年齢もわかりません。もしこの画像データが大量に盗まれたらどうなるか。病院のセキュリティ管理は問われますが、実害という点では大きな問題は生じません。もしそのあばらが私の画像だったとしても、それを特定して、さらに画像から何が読み取れるかがわからなければ価値のない画像のままです。ただ画像としてそこにあるだけのレントゲン写真は、単独ではほとんど価値を持たないデータなのです。

情報というのは、複数のデータを組み合わせることで初めて価値が上がるものです。ある地域の住民の性別情報だけ盗み出せたとして、それに価値はあるでしょうか。または、存在する住所のリストのみあったとして、それはどう活用できるでしょう。これらは、単独ではあまり値打ちがない例です。でも、住所と性別が組み合わさったら微妙な感じになってきます。悪意のある人にとっては価値が上がってくる。ここに年齢のデータが加わると、これはもう危険になってきます。この住所に若い女性が住んでいるぞ、こちらには独居の高齢者がいるなどという立派な情報になってきますから。

こう考えると、情報を安全に管理するということはどういうことかが見えてきます。それは、「情報としての価値が生まれにくいようにデータ管理をする」ということにほかなりません。あえて１００％とはいいませんが画像データ、動画データの大半は、企業や個人を特定する情報と紐付かなければあまり意味がありません。

結論としては、要となるデータのみをブロックチェーンで管理し、それ以外は従来型の管理をする。これが現実的な方法です。

② 特定のデータのみ検索（図3－2）

2つ目の向かない用途は、過去の特定のデータのみを取り出したい場合です。×年×月×日時点のこの取引を今すぐ見たい、といったとき、実はすぐにはできません。ブロックチェーンというのは、過去から今に至るまでの変化をすべて記録した台帳が、暗号化されて格納されているイメージです。逆にいうと、ある利用者の意図にそって、シンプルな、後に必要になりそうな特定のタイミングで特定の情報だけを記録する、ということはやっていないしできない。特定の情報を見ようと思えば、前章で申し上げたフル・ノードに行ってこれまでのすべての変化を見ていくことになります。

この点は少しわかりにくいかもしれません。一般的な感覚ではデジタルデータは瞬時に検索できるのが当然で、たとえば私たちはECモールで欲しい商品を探したり、過去の自分の購買履歴を参照したりすることに慣れています。最新技術であるブロックチェーンにそうした簡単な作業ができないなどとは信じられないかもしれません。なぜでしょうか。

やはり前章のおさらいになりますが、ブロックチェーン上に格納されるデータは、アドレスの形で暗号化されています。普通のデータベースに格納するデータであれば、たとえば名前が何でＩＤが何番で、という、私たち人間にも一定の意味を認識できる文字や数字でできています。ブロックチェーンはこの意味ある文字列そのものを、ランダムな数字にしか見えないアドレスに変えてしまいます。暗号化技術と呼ばれるものです。アドレスになって初めて、次なるブロック化のプロセスに進めることになっています。

ブロックチェーンである以上、そこには暗号化されたアドレスしかありません。人間に理解できる、読めるようなものは一つも残っていません。つまり、キーワード検察、テキスト検索のようなことはそのままでは不可能なのです。「ＩＤ何番のデータだけすぐ取り出せ」と求めるなら、原則的にすべての暗号を解除して元のテキストに戻した上で辿らなければいけません。時間がかかることはご理解いただけると思います。

実際のところ、最近プライベートブロックチェーンの一部ではこのあたりを改善

ブロックチェーンに向かないこと
② 特定のデータのみ検索

（図3-2）

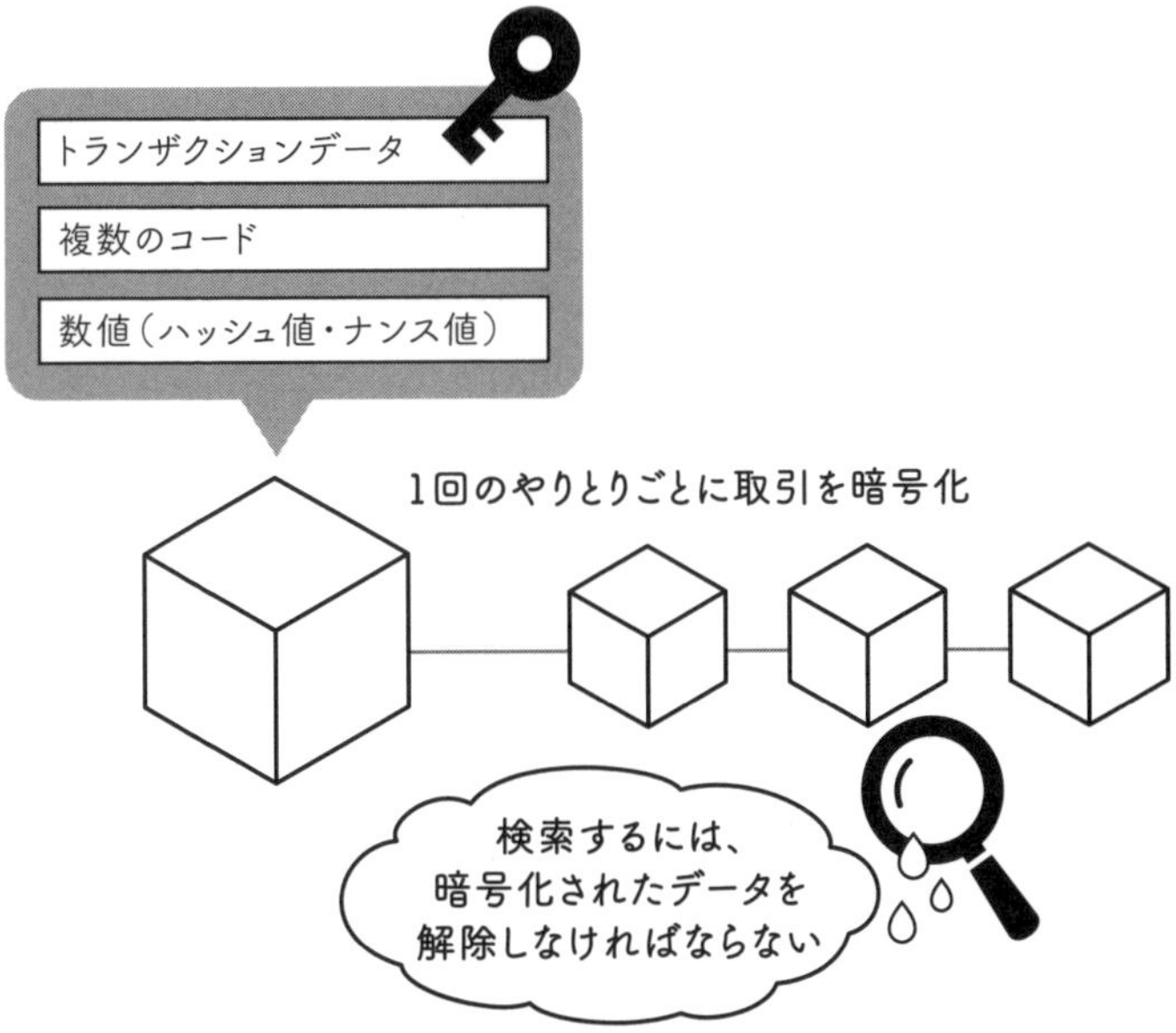

する新しい手法も出始めています。ただ、それはまだ例外の範疇で、一般的にはテキスト検索などは不得意だと認識してもらって結構です。

整理するとこういうことになります。過去の変化の履歴を追いたい場合は、ブロックチェーンが非常に向いています。たとえばビットコインの取引の流れを辿る、といった用途がまさにそれです。その一方で、特定の条件の何かを抽出してきて編集するなり何かに活用する、といったことには向きません。ブロックチェーンはあくまで台帳のためにつくられていますから。

③個体管理しにくいもの（図3-3）

それから3つ目です。個体管理しにくいものはブロックチェーンでの管理に向きません。わかりやすくするために一例を挙げるなら、農産品です。私たちは日本の食糧基地・北海道に位置する企業ですから、ブロックチェーンを使ったトレーサビリティ[1]確保システムなどのご相談をいただきますが、頭を抱えることがあります。誤解してもらいたくないのですが農業分野が全般にダメということではありませ

1 **トレーサビリティ** 個々の商品などの生産・流通過程を検証できること。辿る（= trace）のが可能であること（= ability）。商品の安全性をどう確保するかといった議論における基本概念である。

ん。ただ、農産品の、個体一つ一つの管理には向いていないという意味です。今からご説明します。

想像してみてください。生産・流通過程を追跡するために、収穫したピーマン一個一個にシリアルナンバーを付けられるでしょうか。よほど収穫量の少ない超高級ブランド・ピーマンならそれもあり得ますが、通常はそうではありません。そしてピーマンに限らず農産品の多くは、出荷時には一個単位ではなく、束や袋、ネット、箱にまとめられたものが一単位として扱われることになります。

このことの何が問題なのでしょうか。より具体的な例として、ピーマン5個入りの袋に識別IDを割り振るとしましょう。スーパーの野菜売り場に並んだその袋の中で、5個のピーマンのうち1個が黒く変色していたとします。よく見ずに買って帰ってしまったお客様が後で怒り出す。そしてスーパーは識別IDから生産者を突き止めようとします。でも、もしもこのトレーサビリティをブロックチェーンで管理していたとしても、検証できるのは、袋詰めされた後の過程になります。その変色ピーマンを育てたのがどの生産者で、どんな行程を経て袋に入れられたのか正確に辿る術はありません。万が一誰かが悪意を持って、袋詰めの前段階で変色ピーマンを混入させたとしても、それもわからないのです。

解決策としては、収穫前か収穫直後にピーマン一つ一つにID番号シールなどを貼っていくしかないでしょう。しかしそのためにどれぐらいコストがかかるでしょうか。そのコストは、ブロックチェーン導入のメリットで吸収できるほど小さなものか、という話になってきます。

トレーサビリティ管理の難しさといえば、薬も同様です。これは私たち自身が北海道で薬局の在庫管理実験をやって理解したことでもあります。

薬は、たとえば錠剤一粒一粒にロット番号が割り振られて管理されているわけではありません。薬剤師は医師の処方に沿って何種類かの錠剤をそれぞれの箱から出してきて、処方に沿って一回分の錠剤の種類、数量を袋に詰め合わせる。これを何日分かつくることになります。このときの錠剤の動きに注目すると、識別IDが振られていない錠剤が元あった箱から出て、一度バラバラになってから袋に詰められます。よく考えると、錠剤を元の箱から出してしまった瞬間、その錠剤がどの箱に

ブロックチェーンに向かないこと
③ 個体管理しにくいもの

（図3-3）

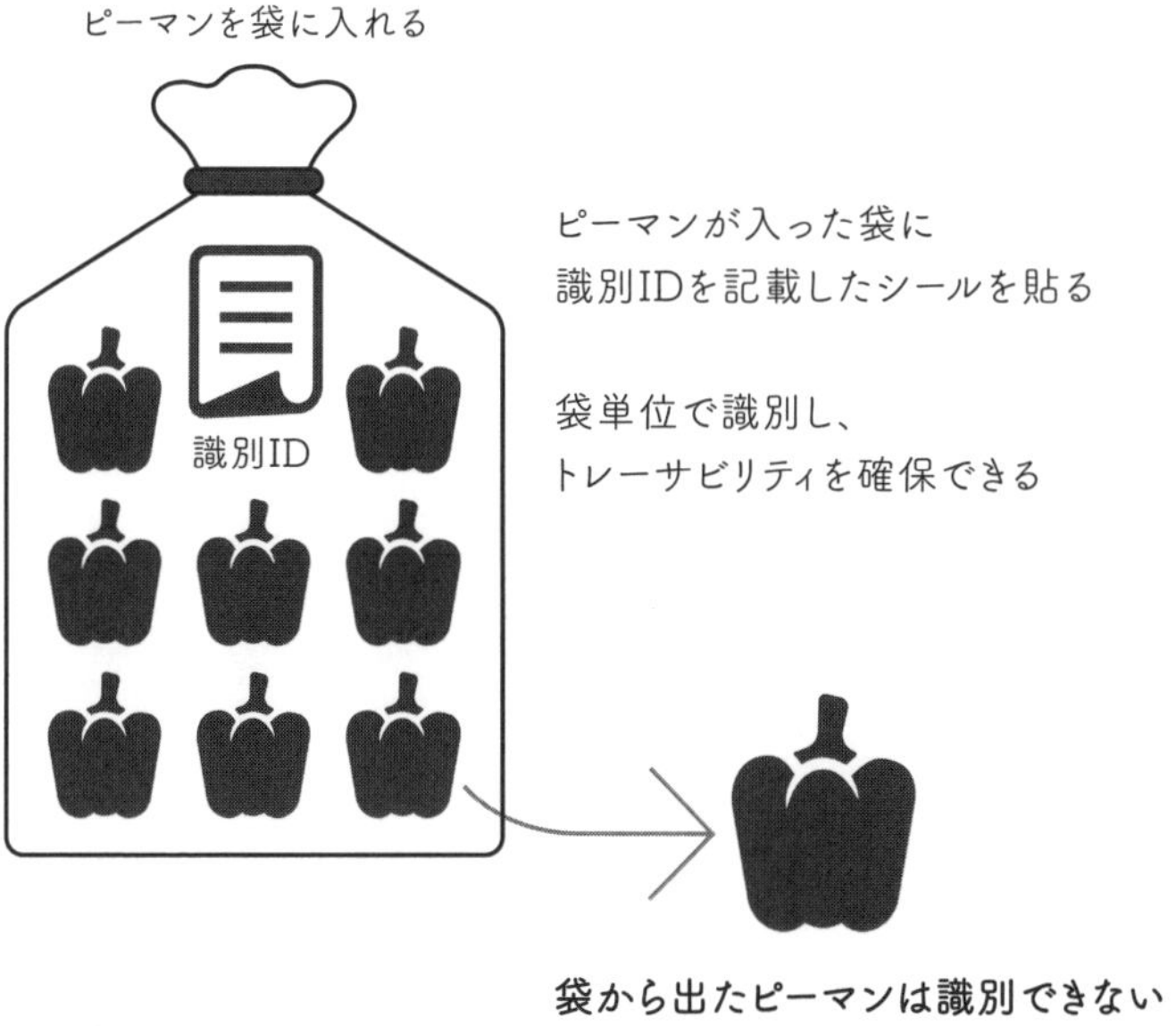
ピーマンを袋に入れる
識別ID
ピーマンが入った袋に
識別IDを記載したシールを貼る
袋単位で識別し、
トレーサビリティを確保できる
袋から出たピーマンは識別できない

入っていたどの薬だったのか、厳密には証明できなくなるのです。

万が一、ここで悪意が働いたらどうなるでしょうか。日本の薬剤師さんにはあり得ない話ですが、もしやむを得ない事情で、とある錠剤を個人的に手に入れたい薬剤師が出てきたとしたら、患者に出すときに偽薬にすり替えることだって絶対にやれないわけではありません。

トレーサビリティの理想通り、材料の生産時から製品の完成、出荷、流通、そしてエンドユーザーによる購買までの全行程を漏れなく捕捉できれば最高です。でもその完成品が個別管理しにくい性質のもので、箱などに集められるところまで進んでやっと管理対象になる、ということではどうしても追跡に限界があります。「ブロックチェーンなら記録を書き換えられるリスクが低いから安全です、トレーサビリティに最適です」といっても、現実にはどうにもならない面もあるということです。

お気づきのように、この3番目の問題はブロックチェーン特有の技術的課題ではありません。農産物や薬の例からもおわかりいただけるように、ブロックチェーンを含むソフトウェア全般、あるいはインターネットだけでは解決できない課題が社会にはたくさんあります。トレーサビリティでいえば、多量かつ多様な製品・産物にどう識別IDを割り振るか、それは印刷だったり刻印だったり、ハードウェア寄りの技術と連動しなければ解決しにくい。私たちはそんな現実をわきまえる必要があります。

経営幹部と現場のギャップ

ブロックチェーンについてさまざまな場所でお話させていただくうちに、気付いたことがあります。叩かれる覚悟で申し上げますと、大きな企業の経営層や幹部社員クラスの方々と、同じ会社の現場スタッフの方々との間で、ブロックチェーンに対する反応がずいぶん異なるということです。

経営層は、たとえば私がブロックチェーンについてご説明すると「これは世の中が変わりますね」「今日はものすごく重要なことを教えてもらいました」と本当に感謝していただけることが多く、ご本人も興奮気味に帰って行かれる。すぐに現場に「ブロックチェーンを勉強しろ」と命じられるケースもあるようです。講演後に私のところに駆け寄って来られて、「できるだけ早くわが社に来てもらってウチの従業員たちに話をして欲しい」とご依頼いただくことも珍しくありません。私自身も経営者ですが、経営者というのは社会の変化、流れを先読みして、それにうまく合わせて会社の舵取りをするのが仕事です。だから、社会の変化に対する情報感度は必然的に高くなる。逆にいえば、この感度を高くできない経営者はやっていけません。

さて、情報感度の高い経営者・幹部クラスの方々が軒並みブロックチェーンに反応されるところまではよいのですが、その後は少々大変です。経営者・幹部クラスはテクノロジーのトレンドを含めて大事な情報に接する機会が多い反面、企業の現場で働く多くの方々は、目の前のタスクを処理するのに忙しくて、大事な情報に触れる機会には恵まれていないと思います。そんなとき、社長が興奮してセミナーから帰ってきて「これからはブロックチェーンだ、君、知ってるか」と言い出す。そうなると「名前はよく聞くけど、改めて問われると何だろう?」となりますよね。

念のため断っておきたいのですが私は決して現場の方々を不勉強だと批判しているわけではありません。経営者の方が偉いといっているわけでもない。置かれた立場によって、ブロックチェーンのような新しい、まだ世間の評価も定まらないものに対して求められる情報感度は異なってくるという話です。

ブロックチェーンの活用を検討しろ、と上からいわれた現場の方が、急いでインターネットで情報を集めたり本屋さんに行ったりしてみる。でも残念ながら、すぐに見つかるのはビットコインをテーマにしたいかにも怪しい儲け話だとか、良くて仮想通貨の解説、または金融業界への影響を論じる評論ばかり。自社の事業にどう役立てるのか全然イメージできません。らちが明かないから、出入りのシステム会社を呼んでブロックチェーンについて聞く。そのシステム会社は通り一遍の説明はしてくれますが、実は、本質的なことをよくわかっていないケースが多いといわざるを得ません。

現場の方がいろいろな苦労をされるわけですが、結果的にほとんどの場合、既存技術で十分やれそうなことをわざわざブロックチェーンでやる構想をまとめて、経営陣に出すことになります。どうなるかわかりますよね。「この案のどこにブロックチェーンを使う意味があるんだ？」「これにお金を使う意味があるのか」といわれて終わりです。Ｗｈｙブロックチェーン？の壁を越えられないというわけです。

リアルマネーの代替でよいか

ブロックチェーン関連のニュースで、ときに全国各地の「地域通貨」も話題になります。大抵、住民が自分のスマートフォンを使って、２次元バーコードなどで決済します。ブロックチェーンで「通貨」を実現するのはビットコインで一般にも知られていますから、誰にでもイメージが湧きやすく、マスコミなどにも受けるサービスともいえます。でもあえて申し上げますが、これをしっかり成功・定着させるのはかなり難易度が高いと私は考えています。話題づくりには適している半面、よく考えると、Ｗｈｙブロックチェーン？の答えがそう簡単には見つからないのです。

なぜ商店街や商工会などがブロックチェーンで通貨をつくろうとするのか。その目的は、地元で買い物をして欲しいからです。地域通貨でとてもよくあるのが、

1000円の買い物をしたら50円分とか100円分、といった一定割合のインセンティブが付与される仕組み。ただしこの地域通貨は地元以外では使えませんよというモデルです。これは本質的にいってしまえば、100円あげるから地元商店街で買い物してくださいね、とお願いする話ですね。

でも実は、お店で買い物の支払いをする点では、日本円も地域通貨も同じことです。そう考えると、わざわざブロックチェーンで決済システムを構築しなくても、日本円＋紙の割引券などでも実質的に同じ構図ができることに気付きます。このままでは、ブロックチェーンを導入する意味があまりありません。むろん紙の割引券に比べて偽装されにくい、集計が容易、などの利点はありますが、システムのコストに見合うかは疑問です。

ブロックチェーン以前の問題もあります。住民に少しインセンティブを与えればそれ以上の売上げ増が期待できるぐらい、地元商店街が魅力的な品々を扱っているのかということです。「100円もらえるなら郊外の大型ショッピングセンターに行かない」と思ってもらえる、優良店が並んでいるのかどうか。プロジェクトの成否を真剣に考えればこうした要素も当然関係します。

高齢の方がスマホのバーコードで支払いを済ませる絵はマスコミも喜びますから、一時的な話題づくりとしての効果は高いでしょう。でも私の考えでは、普通にお金で支払われているものを地域通貨に置き換えてもそんなに意味はない。ブロックチェーンで発行する通貨を使ってやるべきことは、リアルマネーや商品券では実現できないことです。

今お金で値打ちを定量化されているものについては、そのまま日本円に任せておきましょう。まだ定量化されていない値打ちを定量化するための手段として、地域通貨を活用できたら、地域に良いことが起こりそうだねというのが本質です。

まだお金で表現されていない価値とはどんなものがあるか、と考えたとき、たとえば「何々をする権利」というのはどうでしょうか。有名選手と握手をする権利、始球式でボールを投げる権利、サッカーの大会のボールボーイをさせてもらう権利。お金で定量化されていませんよね。子供たちが夢見るけど、誰でも与えられるわけではない貴重な機会。これをトークンで定量化する。街の中で誰かを助けるなど、何かいいことをした子供たちがトークンを得られるようにして、トークンを多く持った子供には何かの権利を与えるようにします。

あえて厳しくいえば、地域にある価値、地域でつくることができる価値に着目せず、単なる日本円の代わりにしかなっていない「地域通貨」には、未来はないのです。

既得権益の強さ

本章の冒頭で、まだブロックチェーンはビジネスになっていないと書きました。私たちはこれまで、新しい挑戦に意欲的なパートナー様と一緒にいくつかの実証実験を行い、今も新しい実験のご相談や実際に着々と準備を進めている案件が多くあります。そのことは前章に記した通りです。実証実験を発表するたび、新規性に着目され、テレビや新聞、雑誌、ネット媒体などに何度も取り上げていただきました。

それでもここで申し上げたいのは、実験期間終了後、そのまま本格的な導入・運用に至ったケースは今のところまだ出てきていないという実情です。

最近感じているのは、いわゆる既得権益がこの社会には大きく横たわっているということです。どの産業にも、業界の慣習、秩序があります。この中には、ブロックチェーンが入り込んでくると自分の存在意義が薄まってしまう人たちもいます。個々がそれぞれに直接つながって、これまでのような情報の交換だけでなく価値の交換、取引までできるようになると、仲介役をしていた方々の仕事はそのままというわけにはいかなくなります。

いろいろな産業に先進的な企業・人がいて、その方々の推進力のおかげで実証実験までは行き着くのですが、その先につながっていかない。仮に一社がブロックチェーンの本格導入を決めたとしても、ほとんどの場合、一社だけが導入してもその産業を変えることにはならないのです。業界内の有力なプレーヤーが足並みを揃えて導入するのが理想的ですがそうはならず、まだほとんどのプレーヤーが、関心は持ちつつ、実験を遠巻きに眺めている状況です。「既得権益を脅かすことになってもブロックチェーンを導入した方が得」と多くの人に感じさせるような実験結果を積み重ねることが求められているのかもしれません。

ところで、客観的に見て、日本という国はブロックチェーンが普及しにくい要素を持っています。日本は現在、世界の先進国の一つで、いろいろな課題を抱えながらも経済はそれなりに回っていますね。ここまでの経済成長を支えてきた私たちの社会の仕組みは、金融にしても行政にしてもモノづくりにしても、おそらく世界の中ではしっかり機能してきた部類に入る。少なくとも、大量の失業者を出したり飢餓が発生したりといった大問題は今は見当たりません。切羽詰まった困りごとがないのに、誰かの立場や仕事を奪うかもしれない方法で、社会の仕組みを変えよう急ぐ人はあまり多くないでしょう。

日本よりむしろ、社会インフラがまだまだ発達していない途上国の方が、ほとんどゼロの状態からブロックチェーンで仕組みをつくることが可能な分、普及のハードルは低いかもしれません。

売りが「堅牢性」であること

既存技術で大きな問題なく動いているシステムを、ブロックチェーン技術で作り直してみるとしましょう。おそらく利用者から見て、利用体験はほとんど変わりません。最も違う部分は何なのかといえば、それはセキュリティです。より堅牢であるということです。次章で触れる「トークンエコノミー」などブロックチェーン独特の機能を使わないという条件でいえば、ブロックチェーンの最大の売りはセキュリティの高さ。堅牢であることは間違いなくすばらしさの一つですが、普及の観点から見れば難しさも表しています。これはどういうことでしょうか。

ある企業で既存システムがハッカーにやられて、情報を盗まれたと想定しましょう。きっと社内から、ブロックチェーンでより安全なシステムにつくり直したらどうか、という案が出てきます。でも同じ会社が、たまたまハッカー被害にまだ遭遇していなかったら？　表面的であっても問題なく既存システムが動いていたら？　ブロックチェーンについて、検討どころかずっと名前すら上がらないでしょう。

そもそも、システムのセキュリティに関する情報は、まともな企業であれば外部に公表することはありません。個人の家でたとえれば、「わが家は窓のこの部分と玄関のあそこに、このタイプの鍵をつけています」と言う人はいませんよね。言えば、泥棒に侵入方法を考えるための手がかりを与えるようなものですから。

セキュリティ以外であれば、「A社もB社もあのシステムを採用したのか、ならば当社も検討するか」となる場合がありますが、セキュリティに関してはそうはいかない。もしA社がブロックチェーンで社内システムの堅牢性を高めていたとしても、それがアナウンスされることはない。ですから、メディアを巻き込んだブームなどは起こりえません。このようなわけで、セキュリティ強化を目的とするブロックチェーン導入は、当分の間ゆっくり増えていくことになるだろうと見ています。

トラブルゼロと言えるか

ブロックチェーンは安全といわれますが、いかなる状況下においてもそうだというわけではありません。それ自体は非常に堅牢なシステムですが、人間がどう使うかによって安全とは言い切れなくなります。トラブルは、悪意がなくても人間のちょっとしたミスで起こります。これはブロックチェーンに限らないことですが。

たとえばブロックチェーンでつくったシステムにデータ入力をする職員がいるとして、この人がたまたま数字を1ケタ間違って、100を1000として入れてしまったらどうか。ブロックチェーンはそのまま1000と認識して処理します。当然ですね。AIによるチェックなどで誤入力を防ぐ方法もありますが、こうなるとブロックチェーンの安全性とは別次元の話になります。

もっといえば、ブロックチェーンならいったん記録したデータを改ざんできないとよくいわれますが、まったく不可能というわけではありません。前章で説明したように、ネットワーク内の多数決に勝つ方法はあるにはある。ただ、書き換えたら必ずそのこと自体が記録されるので、追跡が可能というのが正確な言い方です。

人為ミスは防げないという点では、ID・パスワード管理も同じです。今年に入って、ある報道が世界を駆け巡りました。カナダの大手仮想通貨取引所からビット

ビットコインウォレット

（図3-4）

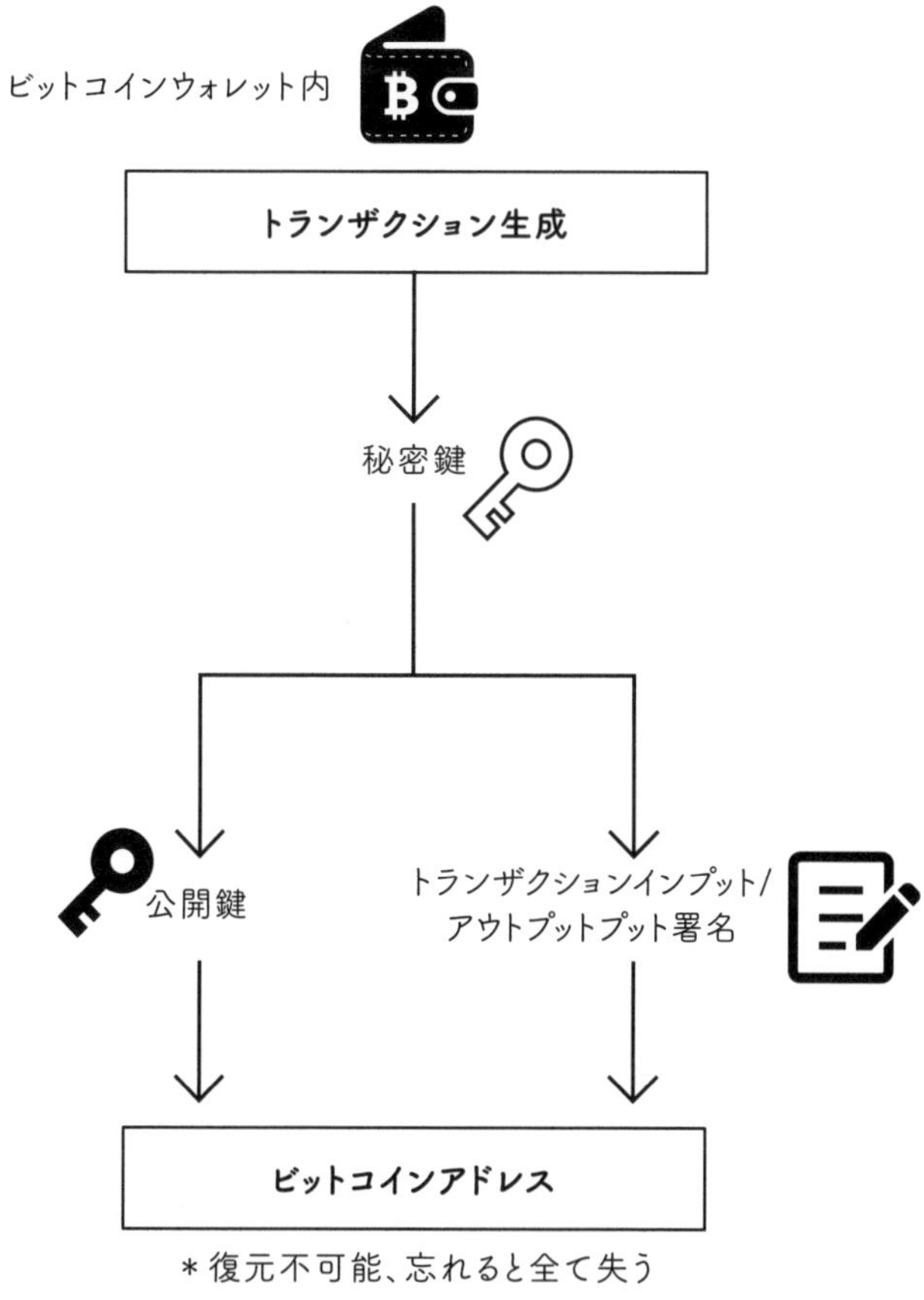

コイン1億5000万ドル相当（2019年1月当時の相場）が引き出せない状態になっているという話です。ハッカーに攻撃を仕掛けられたわけではありません。重要なパスワードなどの管理を1人でやっていた取引所CEOが亡くなって、誰もシステムに入れなくなってしまったからです。ビットコインには管理者はいませんから、パスワードの再発行はありません。

IDがわからなくなったら再発行、というのは中央集権的なあり方です。その場を管理しているボスがいて、ボスが再発行してくれる。ブロックチェーンはボスがいませんから、個々人が自分の失敗には責任を持つしかない。誰も補償してくれません。（図3-4）

ブロックチェーンをあたかもすべてを解決する魔法の道具であるかのように語り、安直にシステム構築を提案してくる業者は今現在たくさんいるはずです。でもこうして見ていくと、ブロックチェーンは決して魔法の技術ではないことがおわかりいただけるのではないでしょうか。不得意分野もあるし、得意分野においても限界がないわけではない。そして、ブロックチェーンのネットワーク外で人間が起こしている問題を解決してくれるものでもありません。

今後、どんな用途で導入するのが最もブロックチェーンの良さを生かせるのか、幻想を捨てて多くのみなさんに考えていただけるようになれば、世の中はもっと面白くなると思います。

第4章 ブロックチェーンが拓く未来

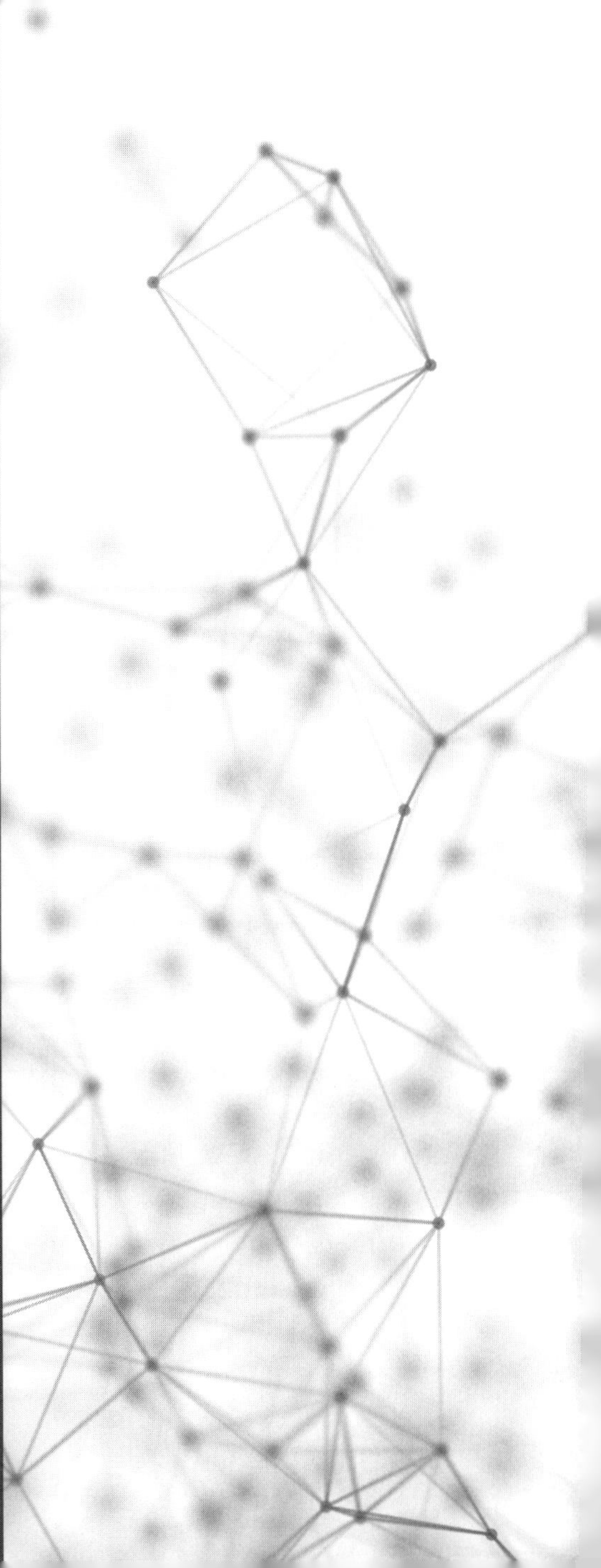

ブロックチェーンが国家を消す？

「坪井さんはブロックチェーンを使って世界を変えようとしているのですね」といわれることが時々あります。多くの場合、ある種の賞賛を込めてそういっていただきかえって恐縮しますが、私自身は少し違う感覚を持っています。

自分が世界を変えるんだ、とは思っていませんし、実際そんな力はありません。世界を変えるのは私ではなくブロックチェーンです。しかも、私が好むと好まざるとに関わらず、ブロックチェーンが必然的に世界を変えていく。私がやっているのは、ブロックチェーンのこの作用を察知して、変わっていく世界に合致した新しいビジネスを提案したり、自ら組み立てたりすることです。

本書ではずっと、ブロックチェーンが中央集権型でなく自律分散型のネットワークをつくる、世の中もその方向に変化するといい続けています。そう聞くとなかには、「中央集権の典型である国家もなくなるというのか、坪井はアナーキスト[1]か」と思う方もいらっしゃるかもしれません。それは誤解です。世界のすべてがブロッ

1 **アナーキスト** 無政府主義者。政府が人々を統治する社会構造に対し、異を唱える人。

クチェーンによる自律分散型ネットワークに取り込まれ、国家も消えるなど、そんな映画のような事態が現実になるとはまったく思っていません。

足元を見ても、25年かけて普及したインターネットがフィジカルな流通販売（リテール）をすっかり壊したとはとてもいえないでしょう。eコマース比率はまだまだで、未だにリテールの方がずっと強いです。それを考えると、今の世界とか私たちの仕事をブロックチェーンやあるいはAIが奪ってしまうなんて、どれぐらい先の未来の話なのかということです。確かにインターネットの普及は今までの人類の歴史から考えると画期的に速いですし、世の中の変化は総じて速くなっているかもしれませんが、それでも、時間の流れるスピード感から考えれば、私たちが生きている間に国家がなくなるような事態はまず起こりえません。

ブロックチェーンは万能ではないという点を前章で見てきました。当分の間、既存技術によるシステムも、ブロックチェーンも世の中に併存していく。ただ、ブロックチェーンのような考え方が、既存技術で対応しきれなかった課題を解決していく形で、じわじわと広がっていくことが予想される。変化はゆっくりと、しかし必然的にやってくるものだと思います。ブロックチェーンは私たちの社会を、組織を、少しずつ変えていくことになるでしょう。

この章では、ブロックチェーンがもたらす私たちの未来の姿をイメージしてもらいたいと思います。といっても、ただ夢のような話ばかりが続く本とは違い、課題についてもしっかりと考察していきます。

自律分散型組織（DAO）とは

ブロックチェーンの議論でよく出てくる用語に、DAO（ダオ）があります。アルファベット3文字になにやら呪文のような読み方。急にとっつきにくくなってしまったでしょうか。これは英語のDecentralized Autonomous Organization、つまり自律分散型組織の略語で、ちょっと難しい印象になってしまいますが、ブロックチェーンを理解する上では極めて大切な概念です。

DAOは、今の時代の次にくる世界観を表しています。それは、ブロックチェーンやAI、ロボットなどつくられたシステムが、私たち人間を自動的に使う世界です。

システムが私たちを使うとはどういう意味でしょうか。ここでビットコインを思い出してください。ビットコインは、ある企業が運営しているわけではありませんね。でもその中でとても大きなお金が回っていて、人々はビットコインをめぐってざわざわと心動かされ、ときに行動も左右されている。システムで組まれた、自律して分散された仕組みが、金融業界の中で僕らを使っている。システムに人間が動かされているわけです。

ブロックチェーンの可能性を考えるには、原則的にこの視点に立つ必要がありま す。今後どうやって、自律的・自動的に動くシステムをつくり、このシステムを組織化して、その周りに人間がいるという状態をどう実現するか。これこそがブロックチェーンの本当の意味での可能性です。

スマートコントラクト

まず押さえなければならないキーワードがスマートコントラクトです。ブロックチェーンのシステムの中に、ルールやレギュレーションを組み込んで、自動的に動かす技術を指します。もちろんそのルールをプログラムに落とし込むのは人間の仕事ですが、ルールの執行はスマートコントラクトによって自動的に行われます。三権分立でたとえれば、立法が人間、司法と行政がプログラムということになります。いったん仕組みが動き出せば、その後は原則として人による管理がいらなくなります。

人がいなくても動くことをブロックチェーンはよしとしています。一般的な会社や組織であればボスがいて、一定のルールの下にボスが意思決定をして組織や人を動かします。しかしスマートコントラクトになると、一定のルールや条件が事前にプログラムに埋め込まれてさえいれば、条件を満たせば実行、満たさなければ実行されない、という動き方になり、ボスは不要になります。「ルールの下の平等」がいわば強制的に実現するわけです。

たとえば学校で生徒の茶髪が問題になっているとしましょう。どの程度の色なら黒髪と見なされるか、どれぐらい茶色なら自毛証明書を出せといわれるのか、そういうことはこれまでの中央集権社会なら教師が判断します。そこでは生徒という人間を、教師という人間が管理しています。スマートコントラクトはこれを自動化します。基準値を決めて、あなたはOK、あなたはダメ、と自動的に判断します。

そのルールはスマートコントラクトのプログラムが変更されない限りは絶対で、その意味ではトラブルは起きようがありません。人間がプログラムに使われる世界観です。これが、DAOを考える上で不可欠な概念です。

RPAがあらわすもの

ここ数年いろいろな企業が話題にしているRPA（ロボティック・プロセス・オートメーション）というキーワードも、DAOに向かう社会の動きを象徴していると思います。

これはロボットでものごとを自動処理することをいいますが、ソフトバンクのＰｅｐｐｅｒや、自動車製造のラインのロボットを指すのではなく、パソコン内のソフトがロボット的に人間の代わりに働いてくれるという意味になります。

人間のパソコン操作をソフトで自動化する。エクセルのマクロによく似たイメージです。たとえば、伝票を見てパソコンで数字を入力するような単純作業をすべて自動化しようというのがＲＰＡです。今のところ業務効率改善という文脈で流行っていますが、実はＤＡＯの世界を実現するためにも重要な技術です。

前章で人間によるデータの入力ミスの問題に触れましたが、自律分散型社会の「自律」においては、スマートコントラクトでレギュレーションとルールを決めて、単純な入力作業はＲＰＡで自動化すれば誤入力はなくせます。入力値が本当に正しいかどうかをチェックできるようなルールをスマートコントラクトに組み込んでおけばいいですから。今の社会にＲＰＡが広がることはとても大事です。

テクノロジーの議論にはよく未来の話が出てきますが、ＤＡＯははるか未来の話というより、もっと近い、今からすぐ次の時代に来るものです。AIの分野では盛んに「シンギュラリティ」という言葉が使われ、人間が不要の存在になるかのようにいわれることがありますが、これは私にいわせれば途方もない未来の話です。そうではなく、少し先の未来にあって、今投資すべき、近い将来お金になる可能性のあるのがこのDAOだという認識です。

私がよく講演でお見せする概念図（図4-1）があります。

上が中央集権型組織を表しています。私たちの今の社会がほとんどこれです。一カ所の強力な中心にすべての情報が集まります。企業でいえば大きなプレーヤーがいろいろなサービスの提供を通して、中心に情報をかき集める。これは今の、GAFAがやっているビジネスモデルに重なります。GAFAは典型的な中央集権です。

これに対して、DAOの世界は真ん中の図で示されます。今のところ、日本ではLINEのビジネスがこれにかなり近い状態になっています。かなりDAOを意識して大きな投資をされているように私には見えます。LINEという全体の大枠の中に、いろいろなサービスを散りばめて、それぞれが自律的なシステムとして動い

コミュニティのパターン

（図4-1）

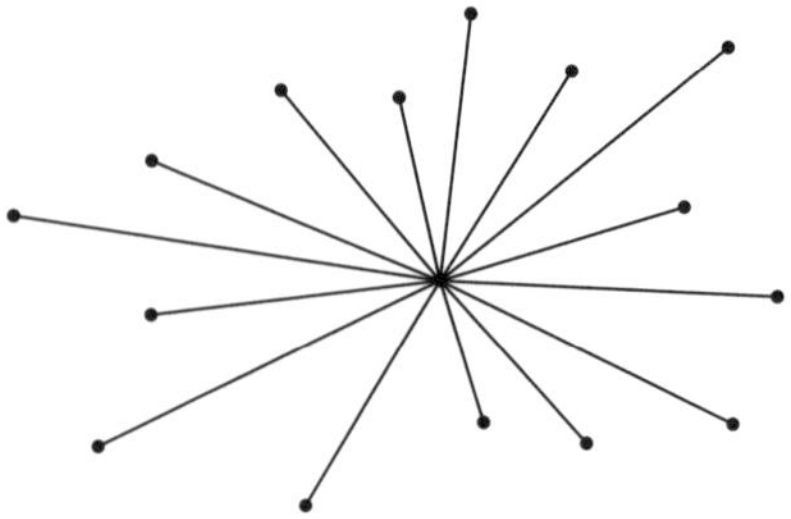

中央集権型
Centralized

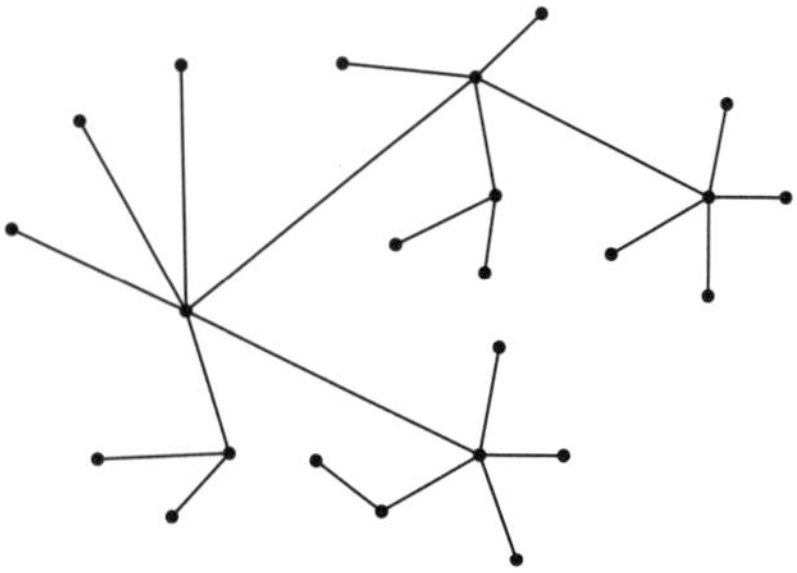

中央集権ハブ
非中央集権型
Decentralized

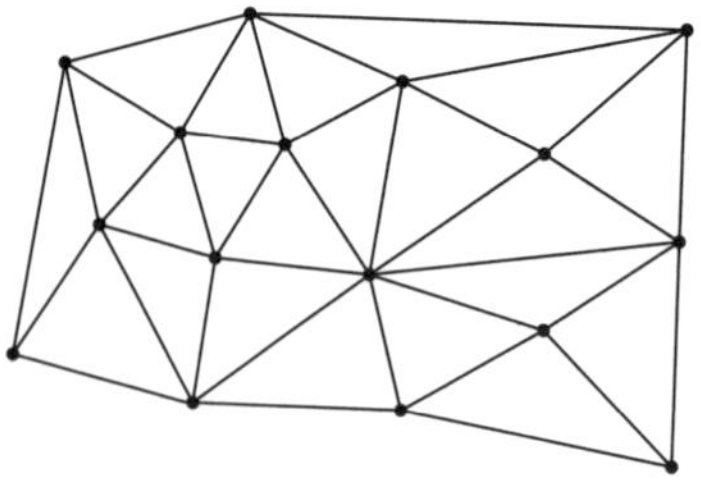

分散型
Distributed

て、サービスごとに小さな中央集権をつくる。ただ、これは全体をＬＩＮＥがコントロールしていて、たくさんある小さな中央集権はそれぞれまったく関係ないようだけれども実は一個一個がつながっています。

それぞれをクローズアップしてみると、突き詰めていえばやはり中央集権のコミュニティです。上の図のような絶対的な中心はないものの、それぞれが小さくとも集まりを成していますから、ある意味で集権的な要素は残ります。ですからいきなり「中央集権型から分散型」と変化するというよりも、「中央集権型から非中央集権型」になるイメージです。すべてが完全に分散するのではなく、中央集権のコミュニティがたくさんできて、それがつながる。真ん中の図はそれを表現しています。

そして下の図は分散型ネットワークです。完全な分散型で、誰も管理しません。社会がすぐにそのようになると考える必要はないでしょう。下と真ん中の違いは、第2章で見たパブリックブロックチェーンとプライベートブロックチェーンの違いとして説明できます。パブリックブロックチェーンは完全分散で誰も管理しない。一方、プライベートブロックチェーンというのは真ん中の図で、管理主体が存在するにはする。中央集権と分散の間のような位置づけになります。この違いをどう有効活用して次の時代をつくるかが重要です。

私の考えでは、分散型というのは飛躍しすぎていて未来の話に属します。まったく集約地点のない、完全な分散状態というのはそうそう実現するものではありません。この世界観を追い求めると投資がかさみすぎる。現実的な意味でブロックチェーンを活用したいのであればこの真ん中の、ＤＡＯの発想に立っていただくのが一番です。

ここで改めて、３つの組織概念と、ブロックチェーンとの関係を整理しておきましょう。

中央集権型……………×（ブロックチェーンは不向き）
非中央集権型…………プライベートブロックチェーン
分散型…………………パブリックブロックチェーン

これまでの社会のあり方を示すのが中央集権型。この世界観でいいなら、ブロックチェーンは必要ありません。導入を検討する企業があれば、時間とお金の無駄になるのでやめていただきたいぐらいです。

非中央集権型のネットワークをつくりたい、というときには、プライベートブロックチェーンが向いています。事実上の管理者の存在など、ある程度の中央集権要素を残して「それぞれが分散しながらつながっている」状態をつくるのに適しています。

分散型にはパブリックブロックチェーンです。ビットコインの世界がまさにこれです。ここまですべてがメッシュになった状態はかえって都合が悪い、という場合は、プライベートブロックチェーンで非中央集権型をめざすのも選択肢というわけです。

イメージ例としてのEU

ここまでの話は抽象論のように感じられたかもしれません。でも、ＤＡＯの世界観に近い、たくさんある中央集権コミュニティが相互につながり合ってネットワークを形成している実例が身近にあります。EU（欧州連合）です。（図4-2）

一国一国は独立した存在で、それぞれに中央集権型の政府があります。それらがつながってEUになっている。ユーロという共通通貨が使われている。もちろんEU大統領もいればEU議会もありますからそっくりそのままDAOだといえませんが、一定のルールの下に、国はバラバラだけども一つのコンソーシアム・ネットワークをつくっている点で、DAOの一側面をイメージしやすい例です。

EUから私たちがイメージできることはもう一つあります。EUというネットワークが、必ずしもヨーロッパ大陸という土地、エリアを意味していないということです。

ヨーロッパとか欧州とかの言葉を耳にすると、多くの人は地図上のエリアを思い浮かべないでしょうか。少なくとも私は地理的な連想をします。でもEUは、エリアではありません。それぞれの国が判断して加盟する、ネットワークですよね。イ

自律分散型組織(DAO)に近いイメージとしてのEU （図4-2）

一国一国は独立した存在で、
それぞれに中央集権型の政府がある

↓

それらが相互につながり合って
EUというネットワークを形成している

自律分散型組織(DAO)に近い

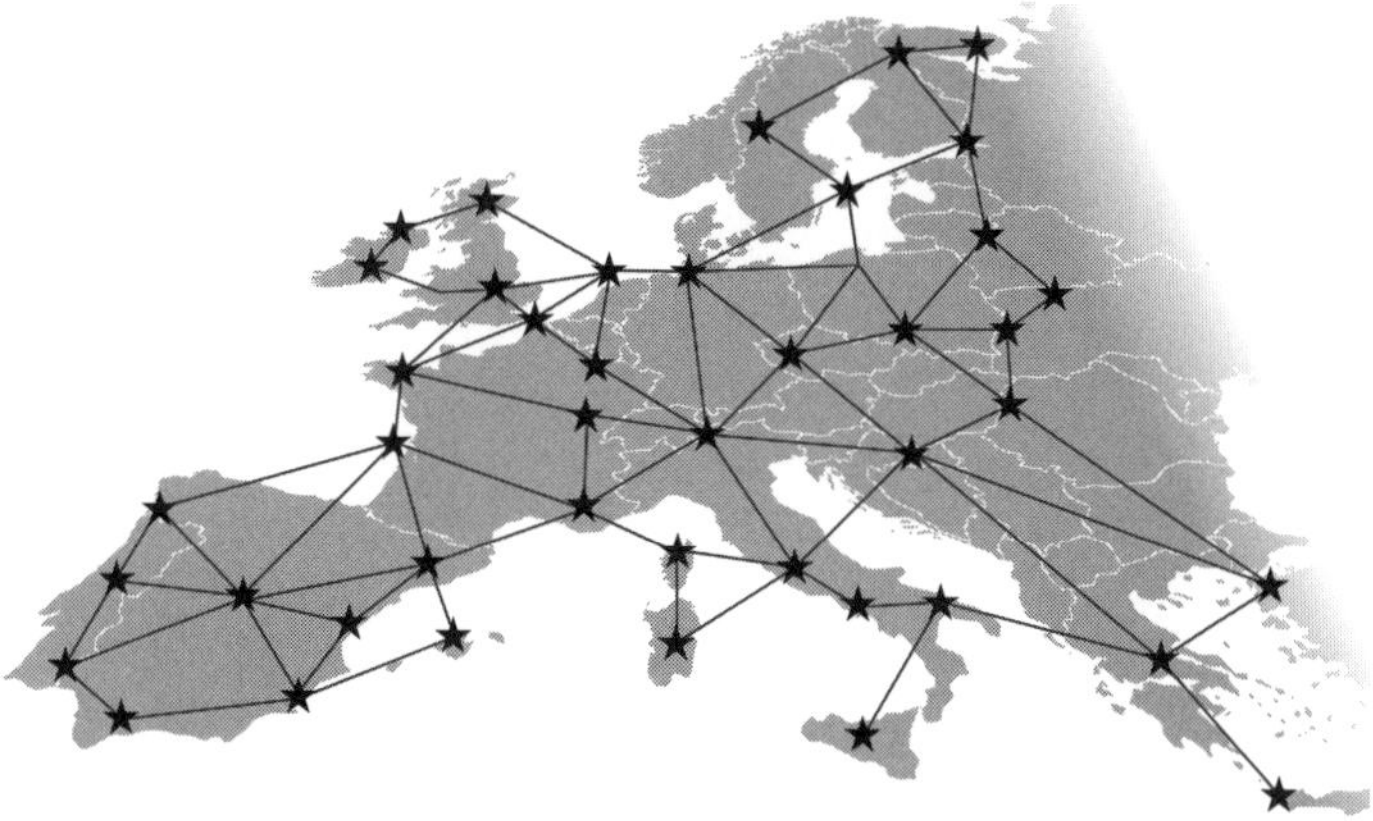

ギリスがＥＵから完全に離脱したら、イギリスはヨーロッパではあるがＥＵではない。ヨーロッパはエリアだが、ＥＵはコミュニティです。これもまた、ＤＡＯの世界観を考える上で大いに参考になる要素です。

ＥＵの例を挙げましたが、現時点では、世界のほとんどは中央集権的にできているると言っていいでしょう。中央集権に関して、ピーター・ティールという人が興味深いことを言っています。

この人は、よく知られたＰａｙｐａｌの共同創業者で、リバタリアン、いわゆる自由至上主義者です。彼らリバタリアンは、ビットコインのように政府の管理下に置かれない世界観を追求します。ですから当然、中央集権を否定する考えの持ち主たちです。その彼が「仮想通貨は非中央集権で、ＡＩは中央集権」という趣旨のことを言っています。

なぜ今ＡＩが大流行して、ブロックチェーンはそこまでに至らないのか、端的に言い表していると思います。

膨大なデータを原則的に一カ所に集約するＡＩは中央集権的で、まさに中央集権にできている今の世の中には取り入れやすい。誰か偉い人や大きな組織に権力と責任が集中していて、そこに情報も集まるのが今の社会です。ＡＩとは親和性が高いと思いませんか。

その反面、非・中央集権的な特性を持つブロックチェーンはというと、情報を分散させるとか、管理者がいないとか、責任も分散するとか、馴染みのない説明になる。頭の体操として面白がる人はいても、今の社会で、導入を組織決定できるような企業・団体は残念ながらそう簡単には見つかりません。こんな難しさもあります。

組織はヒエラルキーからホラクラシーへ

話がやや大きくなりましたので、次に、もっと身近な、私たちが仕事をするときの組織がこれからどう変化するのかについて考えてみましょう。

聞いたことがあるかどうかわかりませんが、組織形態を表す言葉に「ホラクラシー」というものがあります。私たちが慣れているピラミッド型組織に対して、フラットな、各自が独立・自律していて、各自に権限がある、そんな形態を指します。未来の組織は、いわゆるヒエラルキーから、ホラクラシーへと変わっていきます。

イメージとしては、今のフリーランスの人たちが組織化した感じです。独立したフリーランスが役割と業務を与えられて、独自の権限で動いて結果的にものをつくる、という世界です。ホラクラシー化した組織では、それぞれが自律した状態でみんなが分業しながらプロジェクトを進めることになります。

個々に対する仕事の評価とか、仕事を誰に振るかといったことはスマートコントラクトで、一定のルールに則って実行されます。端的に分かりやすく表現すると、納品したら品質チェックが自動で行われて、基準を満たしていればOKとなり、次の仕事がポンと振られる。この仕事は100万円で納期がいつ、など明確に決まっていて、仕事をする人は100万円の仕事、50万円の仕事とある中で納期も考えながら、これ、と選ぶ。自動で仕事が降りてきて納期を指定されて、残り時間が自動で示されて、納品して仕事を収めて合格なら自動的に銀行口座に入金、のような世界がＤＡＯなのです。

ここには仕事を取ってくるための営業活動なども存在しません。自律分散型で、ルール、レギュレーションが全部プログラムされている。そこに人間が入って行って、選択をしていく。これは当然未来の話ですが、変化の方向性としては、私はそんなふうに感じています。

ＤＡＯにおける「マネージャー役の人間」

ホラクラシーになると、それぞれの仕事の主体が自律していますから、理論上はリーダーという存在がいなくなります。とはいっても、個々が黙々と自分の作業をすればよいことには現実的にはなりにくい。ＡさんとＢさんの業務の関係性とか、個々のコミュニケーションは発生します。ＤＡＯの世界におけるリーダー像で一番必要とされるのは、人と人をつなぐ、まとめる能力です。多様な価値観、能力や性格を理解してコミュニケーションをはかることが求められます。このつなぎ役を専門的にやる人がＤＡＯの世界でのマネジメントを担うことになります。仕事を分配するとか、勤怠管理とかは全部スマートコントラクトになるので人がやる必要はありません。個々の働き手同士のつながりをどうつくるかという点で人が動く。そういうイメージです。

例えるならコンビニエンスストアやチェーンスーパーで、地域の各店舗を回るスーパーバイザーと呼ばれる人がいますが、あんな存在に近いと思います。

トークン＝仮想通貨ではない

DAOに続き、どうしても理解しておかなければならないのが「トークン」です。tokenは一般的な英和辞典では「証拠」「記念品」「代用貨幣」などと訳されています、仮想通貨の単純な言い換えだと思われたり、あるいは外国で地下鉄に乗るときに買う乗車券代わりのコインのようなものをイメージされたりする言葉ですが、ブロックチェーンの議論においては違う意味を持ちます。

ブロックチェーンの特徴は、第2章でも見たように、世の中にあるさまざまな価値を定量化し、ほかの価値との交換を可能にすることです。日本円のようなリアルマネーに置き換えられない価値を定量化するときの手段を、トークンと私は勝手に定義しています。ですから私はトークンと言うとき、ビットコインのような仮想通貨のことは指しません。

「そのトークンは日本円換算でいくら?」のようなことを聞く人もいますが、私の考えではブロックチェーンにおけるトークンを、リアルマネーの価値に当てはめても意味がありません。仮想通貨、暗号資産、ああいう言い方をするのはビットコイン寄りの議論をしているときで、リアルマネーと対比されて為替が発生します。いわゆるお金も、価値を定量化する手段として存在します。その一方で、定量化できていない価値が世の中にある。それを定量化するためにはお金ではなくトークンを使うわけです。

コミュニティ内の価値を表すのがトークン。基本的にトークンはそのコミュニティ内で流通するものなので、日本円のようなリアルマネーに換金する発想は、基本的には持たない方が良いです。換金できると思うことがあると発想が間違ってきます。円やドルとは違う世界だと思った方がいいのです。

そもそも儲かる、儲けるという概念がリアルマネーの世界とは異なります。このコミュニティの中でいう「儲かる」は、他人への貢献度が高まったとか、満足度が高まったということを指します。ですからリアルマネーの文脈はいったん切って考えてください。

トークンがつくる「社会」

ブロックチェーンはバーチャルな組織、もっといえば社会をつくる力を持っています。通貨と同様の機能を持つトークンをつくることができ、また、規制・統治の仕組みをともなったコミュニティをつくることができるからです。

規制・統治に関して述べるなら、ブロックチェーンを構成する技術の中で一番重要なのはコンセンサスアルゴリズムになります。早くいえば、多数決を成り立たせるアルゴリズムです。なぜ多数決が必要か。あるボス的な人の一存で「これだ」と意思決定させず、みんなで決めるのがブロックチェーンの本質だからです。トップがいなくて、みんなで決める社会。かといって誰もが不合理な判断をしては社会が立ち行きませんから、そこには一定の規制や統治が必要になります。そこで、規制や統治をプログラムに組んで、それを自動的に動かす。それがスマートコントラクトです。スマートコントラクトによって、物事がルールから逸脱することなく、自動的に実行される社会になります。

経済（＝エコノミー）は、社会（＝コミュニティ）の基盤です。エコノミーという価値交換の手段がなければ社会は成り立ちません。ブロックチェーンには、価値を定量化し、交換する手段としてトークンがあります。そして、実質的な法律・ルールとしてスマートコントラクトが機能します。この中に人間が入れば、それはまさに社会です。トークンエコノミーの上にトークンコミュニティがあるという構図です。

当社が本格的にブロックチェーンに取り組み始めたのは2016年だという話をさせてもらいましたが、2018年の半ばあたりからは、世間のブロックチェーンのとらえ方、見方がそれまでと少し変わってきたのを感じています。それまでブロックチェーンといえば、「改ざんがやりにくくトレーサビリティに向くシステム」「堅牢性の高いセキュアなシステム」という点が必ず前面に出てきていたのに対して、ブロックチェーンは分散型に近い社会・組織を形成するのに向いている、ならばトークンを軸としてどうやってエコノミー・コミュニティをつくっていくか、という話の流れに変わってきました。

企業からご相談をいただくとき、システム部からよりも、新ビジネスを創造したいというポジションの方からのお話が増えてきました。議論の中心がシステムづくりから、組織・社会づくりへと変わりつつあります。

今、社会と表現しました。エコノミー、コミュニティをつくるのはある意味で国づくりとイコールともいえます。例え話になりますが、ブロックチェーンは、新しい星を見つけてそこに自分たちだけの国をつくる、そんなイメージを具現化する技術だと皆さんが思い始めています。しかも、地球という限られた土地を奪い合うのではなくて、仮想空間なので無限に場所があって、そこに国をつくっていくというイメージ。まさにインターネットの世界の発想です。リアルの土地ではなく、無限にあるインターネット空間に向き合って国づくりをする訳です。

インターネットという宇宙の中に、ブロックチェーンで星をつくり、その星にトークンエコノミー・コミュニティで国をつくって人を住ませる、というイメージです。それで今、大手企業は大きな星をつくってそこに大きな国をつくろうとしている。小さな会社だって小さいなりのコミュニティを形成して、100人の国をつくろうとしている。さまざまな形の星たちが無数に存在する。今後このようなことがいたるところで起きて、それぞれの星を宇宙船に乗って行き来するようなイメージが現実的になるでしょう。

重ねて申し上げますが、なぜこれが実現できるかというとトークンのおかげです。インターネットだけでは実現できません。インターネットは情報を世界中に流通させますが、価値を定量化させることは苦手です。レビューが一つの手段ですが、そこでは定量化させるルールが個人の主観となり、定性的です。つまり、インターネットはそのままでは金融の機能がないわけです。経済について少し掘り下げて考えると、今のリアルの社会でも結局、金融の上に経済が成り立っています。金融というメカニズムがなければ経済が成り立たない。そう考えれば、トークンによって金融が成り立ち、エコノミーができ、その上にサービスを設計してコミュニティを生み出せるようになったことが最も重要な変化なのだと思います。

かつてのコミュニティとは、善意ややりがい、楽しさなど、心のあり方のみをベースとしたボランティア組織が大半だったのではないでしょうか。ブロックチェーン以前の世界ではトークンがつくれず、エコノミーをつくれなかったから、コミュニティは常に、参加者の気持ち次第ですぐ消えてしまう存在でした。何かの愛好家たちがただ集まって、何も生まずにいつの間にかなくなる。これに対してブロックチェーンは、コミュニティを支えるエコノミーを生み出したのです。

なぜ「国づくり」をやるのか

ではなぜ、ブロックチェーンで「国」をつくることに注目する企業が増えているのでしょうか。企業にすれば、現時点ではマーケティングが一番の目的になるでしょう。早くいえば顧客の囲い込みということです。

先ほどエコノミーがあってその上にコミュニティが形成されると書きましたが、この発想に立つと、トークンが実現するエコノミーがなければ、コミュニティをつくっても長続きしない。別の言い方をすれば、トークンなしではコミュニティに人が集まらない。だから結局、コミュニティで顧客を囲い込むにはトークンが必要だ、という発想になります。

これは企業からするとマーケティングですが、今までなら会員限定で何％割引した、限定で何ポイントを配りましたという世界だったのが、大きく変わってきます。顧客が値打ちを認めることができる何かをトークンで定量化し、提供していくことが求められます。

エコノミーが基盤としてありさえすればコミュニティは安泰、とはいえません。人をつなぎ止めてコミュニティを維持するためのコストはかかってくるでしょう。人は趣味や嗜好が変わればコミュニティから抜けますし、逆に入ることもあります。居続けないといけないということはなくて、そこは自由です。人は自分にとってストレスになるコミュニティからは抜けますよね。抜けられるという安心感があります。今の企業だったら、転職する自由はあるけれど現実には重たいですからストレスなしとはいかない。それと比べればブロックチェーンのコミュニティから抜け出すのは、ストレスからはフリーかなと思います。

コミュニティは「同好会」だけにあらず

コミュニティの例として趣味のグループなどを挙げましたが、実際のコミュニティは、共通の価値観を持った同好会のような集団とは限りません。

たとえば、スマホで人びとに広告を見せたい企業と、広告を見てくれる人びとがコミュニティを形成することも十分にあり得ます。広告を見せたい構成員が、広告を見てくれた構成員に対してお礼のトークンを贈る、といったケースです。単に広告を見ることが、同じコミュニティの別の構成員にとっては謝礼の対象になるわけです。

ごく当たり前の日常生活の中なら、見知らぬ人からお礼を贈られるような事態はほとんど起こりません。ブロックチェーンが、リアルな日常生活の範囲では考えにくいような多様なコミュニティの形成を可能にするからこそ、ちょっとした行為に価値が生まれるのです。もしブロックチェーンのコミュニティが、同じ価値観を持つ趣味のコミュニティだけだったとしたら、感謝のトークンを受け取れる人は、その趣味の中で突出した技や芸や知識を持つなど一部の特別な人ばかりになってしまいます。

でもブロックチェーンの世界観はそういうことではありません。特別な才能を持つ人でなくても、一見無関係な誰かの役に立っていて、その価値がトークンで定量化される。ですから、リアルの世界で日本円をたくさん持っているお金持ちがいたとしても、その同じ人が、トークンエコノミー・コミュニティの中では価値をあまり持っていない、むしろ貧乏、という事態が大いにあり得ます。リアルマネーの給料は安いけど、トークンエコノミー・コミュニティでは富裕層、という人も次々に出てくるでしょう。趣味のコミュニティ内で何らかの貢献をして、スマートコントラクトで自動的に価値が定量化されて、満足感を得る。そしてリアルの世界に戻って働いて給料を稼ぐ、そんな世の中になると思います。

ＳＤＧｓとの親和性

近年、世界中でいわれているＳＤＧｓ[2]（Sustainable Development Goals、持続可能な開発目標）は、私からみるとブロックチェーンとの相性が良い理念です。国連で採択されたＳＤＧｓは、持続可能な世界を実現するために17のゴール・１６９のターゲットという幅広い構成要素を持っていて、詳細に触れる余裕はとてもありません。でも考え方の要点は、誤解を恐れずに一言で言うと「みんなが協力して、取り残される人が1人もいない世の中をつくる」ということでしょう。

非中央集権型社会の実現というのは、みんなが並列で助け合う世の中をつくることに重なります。特定の誰かが責任を負うヒエラルキー社会でなく、フラットなホラクラシー社会。これはＳＤＧｓの考え方と合致します。

具体的なブロックチェーン適用案としては、防災システムが思い浮かびます。どこか地方に村があったとして、台風が来て避難指示が出たとしましょう。役場の人が一生懸命村内スピーカーで放送をしたり、車で呼びかけて回ったりする。テレビやラジオでも情報を流す。でもあれはよく考えると一方的な通知で、情報を受ける

2 **ＳＤＧｓ** ２０１５年９月の国連サミットにおいて全会一致で採択された、国際的な目標の呼称。外務省が公式サイト内で詳しく紹介している。これによればＳＤＧｓがめざすのは〈「誰一人取り残さない」持続可能で多様性と包摂性のある社会の実現〉である。昨今は民間企業もＳＤＧｓへの貢献が問われるようになってきている。

側が本当に受け止めたかどうかわかりません。耳の遠くなった人とか、早く寝る人には何も伝わってないかもしれません。避難情報を認識しているかしていないか周りの住民が把握できれば、知らせに行ったり、助けたりできるのではないかという発想です。

ブロックチェーンというのは誰もが見ることができて、合意形成をする仕組みです。たとえば私の住む地域に50人の住人がいたとして、避難指示が来たときに何らかの手段で「わかりました逃げます」などのボタンを押すとする。そうすると押した人と押してない人が住民には全員わかる。となれば、お隣のおばあちゃんがボタン押してない、とみんなが気付くわけです。ドアを叩きに行くことができます。全員に知らせて全員が避難できます。このような、ＳＤＧｓ的な社会をブロックチェーンはつくることができるのです。

超競争社会の可能性

ここまではブロックチェーンがもたらす未来について、主にポジティブな面を書いてきました。そろそろ、厳しい面についても述べたいと思います。

先にDAOにおけるマネジメント役が、個々の働き手をつなげる役目を果たすと書きましたが、これは裏を返せば、放っておけば人のつながり、横のつながりが希薄な社会になっていくことを意味しています。ピラミッド組織がなくなって、それぞれが自律していけば、良くも悪くも個々は孤立する。独りでやることが基本になるので、仕事の質が高いか低いかはっきりする。実は格差社会が来るのかもしれません。

働き手が人間であれば、失敗することだってあるでしょう。組織にいると個々の責任というのは曖昧になることも多いですが、ブロックチェーンの中では失敗も信用も定量化されます。ですから、失敗して納品できなかったりすると減点されて、仕事が振られなくなるといったことも考えられます。メリットもデメリットもある、そんな社会になるのではと思います。

ただし、前述したように、あるコミュニティで評価が低かったとしても、別のコミュニティで高い評価を得られることも十分可能な社会になります。つまり、自分の個性がたとえば一つの企業からだけではなく、複数から評価される社会です。

前章でID・パスワードがわからなくなったニュースについて書きましたが、ビットコインのIDをなくしたら誰も教えてくれず、再発行もしてくれません。今現在、そんな世界がすでに存在しているわけです。中央集権型の組織が個々に甘えをつくって、誰かが責任を代行してくれる仕組みをつくってきただけなのだと思います。今の、みんなが誰かから管理されていて、その代わり責任を負わなくて済む、というイメージから抜け出せないと未来に対応できなくなります。ここのイマジネーションを変化させる苦労がありますね。厳しい社会ですよね。向く人向かない人が出てくると思います。

踏み込んでいえば、社会がDAOに向かう過程で、民主主義は一定の限界を迎えるのではないかと私は考えています。自律分散型の組織や社会というのは、弱肉強食を原則とする民主主義・資本主義の中においては強烈な格差を生んでしまうでしょう。社会の半分はDAOだが、半分は国が社会主義的に管理をする、というような融合が起こる世界が来るかもしれないと思います。社会主義的な要素が入ってこなければ、人にとって生きにくい、強弱、勝ち負け、間違ったら排除される、といった殺伐とした世界観になってきそうです。ですから、未来のどこかの時点で、今までの民主主義、民営化の流れから世の中が逆方向に振れる気がしてなりません。

都市と地方で社会制度を変える

前の話と似るのですが、一つ、日本政府に提案があります。全国一律の社会制度はやめて、地域事情に応じたレギュレーション[3]・ガバナンス[4]に整えてもらえればありがたいということです。具体的にいえば、過疎地域と都市部で別のレギュレーション・ガバナンスを採用してほしいということです。

同じ国の中だとは言っても、過疎地域と都市部を、一つのルールでは成り立たせるのは不可能です。民主主義と社会主義の融合について述べたのはそこです。東京および5大都市は普通に民主主義・資本主義でいいですが、たとえば5000人以

3 **レギュレーション**
regulation＝規制、統制、調整。

4 **ガバナンス**
governance＝統治、管理、支配。経営用語として使われるときは「内部統制」の意味になるが、ここでは「政府による統治」の意味。

下の過疎地域においては社会主義、のような感じです。経済合理性が非常によく働くところで勝負して、闘って上に行って格差を意図的につくるのを大都市の社会として、そもそも経済合理性が働かない地方では違う制度を取り入れる。地域の実情に応じてレギュレーションを変えなくてはいけないと思います。

都市部においては企業や個人から多くの税金を取るが、大儲けを狙える勝負もしやすくする。地方においては人々の所得は低いけれどその分は国が支える。都市部で疲れた人は地方に移る自由がある。地方はリスクを取って勝負していく環境ではないけど、守られてゆっくり暮らすことも選べる。それぐらいの異なる環境を日本に内在させせないと、これから厳しいかなと思います。

大都市から離れた地域というのは、外からお金が入りにくいという現実がありとす。どうやって地域内で自分たちの金を流通させるか。地域内に新しい価値をつくってトークンで流通させる。極論すれば物々交換をベースにしてもいい。たとえば農家さんで、傷が付いて廃棄する作物があるとする。これは出荷基準を満たさないけど、食べられるからどうぞと地域住民向けに出す。もらう住民は何かのお返しができればいいですけど、それがなければトークンで返す。このトークンが貯まると何かできる。そのような社会づくりにブロックチェーンは向いています。こんなふうに、レギュレーションとガバナンスを、大都市と地方で分けていきます。

たくさんの都市や地方がそれぞれにコミュニティを形成して、各都市や地方が結ばれている状態。そして、地方のコミュニティは分散型になっていて、国がこれを管理する。また、ある地方と別の地方が、ＥＵのようにネットワーク的に結ばれている。これが理想かなと思います。地方については、国が一定のレギュレーション・ガバナンスをスマートコントラクトに組み込んで自律的に動かすわけです。こうなるとレギュレーション・ガバナンスからの逸脱がない、自由度がとても低い社会になりますから社会主義に近い。そもそも地方は現実的には自由競争は向いていません。地方は国がブロックチェーンで管理する方が適しているのではないか、というのが私の仮説です。

第3レイヤーのエコノミー

章の最後に、人類のエコノミーの発展について整理しましょう。今までは、大きく分けてインターネット普及以前と以後の、2段階で発展してきました。

第1レイヤー

フィジカルによるレガシー化された中央集権型エコノミー

第2レイヤー

インターネットにより情報が中央集権化し、フリーミアム化[5]したエコノミー

これは、ネット業界でいう「Web1・0」、「Web2・0」と時期が重なります。ただWebというとネットに比重を置く響きになりますから、世界や社会、人類のエコノミーを論じる際には「レイヤー」がよさそうです。Webいくつ、というのがネットの中の世代を表すとしたら、世界や社会の世代という意味で第1レイヤー、第2レイヤーと呼んでみたいと思います。

5 **フリーミアム化** 基本無料のサービスが広範に実施されている状態。基本機能を無料で開放し、多くの人に使ってもらうことから得られる情報を元に、別の収益ビジネスを動かすのが定番である。代表例が無料のGメール。これを使うことで、自分が何に関心があるかを結果的にグーグルに教えることになり、グーグルは個々人の好みに沿ったネット広告を表示することで広告主から報酬を受け取る。

第1レイヤー、ネットでいうWeb1・0の世界では、リアルなお店に行ってモノを買う、人々は直接会って話す、などフィジカルな接触が支配的でした。そこにインターネットが融合されて今の第2レイヤー、Web2・0がある。言い換えれば今はフィジカルとインターネットが融合した、中央集権型エコノミーの世界です。

ここから視点を変える必要があります。今から、第3レイヤーの新しいエコノミーができるのです。

第3レイヤー

自律分散型により、規律が自動化され新たな価値が定量化され交換されるエコノミー

この土台が、世界を非中央集権の方へと引き寄せる力を持つブロックチェーンです。ここで、第2レイヤーまでは明確に表すことのできなかった、さまざまな価値が定量化され、交換されるようになります。一方ネット業界は「Web3・0」と呼ばれる世代に入ってきます。Web3・0では、仮想現実（VR）、拡張現実（AR）

などの仮想空間をつくりだす技術を総称するxRという用語がキーワードになります。

私は、ブロックチェーンが実現させるトークンエコノミーに、今後、仮想空間が掛け算されることになるかもしれないと見ています。社会はそういう新しい段階に進んでいき、究極的にDAOの世界観へと近づいていく。私たちは今、その進化の過程を辿っています。

これから、第3レイヤーを形づくる新しいブロックチェーンビジネスが少しずつ増えていくでしょう。

新しいビジネスはどんな人たちから生まれてくるでしょうか。私は、ビットコインのような金融志向の方々からというより、社会基盤テクノロジーとしてのブロックチェーンを志向する人たちから出てくると予感しています。

そのとき、やはり技術はとても重要な要素になります。たとえばビジネスモデルコンテストで「ブロックチェーンを応用して世界をこう変えてみせます」とプレゼンテーションするだけならだれでも好きなことを言えますが、そこからブロックチェーンの会社をつかまえてしっかり協業してというイメージで考えると、ブロックチェーンテクノロジーの企業が新しいアイデアを持つ方が、物事は速く進みます。

第5章 実験例と想定ケース

この章では、今の社会の中でブロックチェーンに何ができるか、具体例とアイデアとの両方を提示したいと思います。

一つは私たちインディテールがパートナーの皆様と実証実験した、複数の調剤薬局の在庫融通システムです。前章までに何度か触れてきましたが、ここでは全容を詳しくご紹介します。また現実的なシナリオとして2件、テレビ視聴者をネットワーク化する例と電気自動車（EV）の充電スタンドのネットワーク化のアイデアについて述べます。その上で、産業界で今後起こりうることをいくつか予測して、ブロックチェーンをどう応用していくかを考えていきたいと思います。

私はこれまで、「既存技術で問題なくやれていることをブロックチェーンに置き換えてもあまり意味がない」と繰り返し申し上げてきました。これから説明するケースには、ブロックチェーンならではの要素が色濃く入っています。ブロックチェーンは仮想通貨だけでなくこんなことも可能なんだ、と感じていただければありがたいです。

ケース1 医薬品の在庫販売プラットフォーム

この舞台は調剤薬局です。主に大衆薬を扱っているいわゆるドラッグストアではなくて、病院にかかった後に医師の処方箋を持っていって薬をもらう薬局です。調剤薬局は、患者さんがどんな処方箋を持ってやってくるかわかりませんから、膨大な医薬品をストックしておかなければならず、在庫管理が大変なのです。私たちが実験したのは、薬局同士が、在庫として持っている薬を融通し合えるプラットフォームをつくることでした。(図5-1)

以下、前章までと重なる部分を含めて、改めて私たちの経験をご紹介したいと思います。

まず社会的な背景を説明します。調剤薬局というのは非常に店舗数が多く、2015年末の数字で全国で約5万8000店あります。コンビニエンスストアは同時期に約5万4000店ですから、コンビニよりも多いのです。また大手による寡占化が進んでいないという特徴があります。売上高上位10社が占める市場シェアは15％程度で、残り85％にあたる4万3500店のうち、大半が家族経営、個人経営の薬局といわれています。小さな店が全国にたくさん散らばっているイメージです。

医薬品には販売期限があります。食品のように日にち単位という期限ではありませんが、多くの場合何年かの単位で、売れなければ処分しなければなりません。

この業界で、近年、扱う商品が増えてきました。ジェネリック医薬品です。複数のメーカーが、ほぼ同じ成分を持つ医薬品をつくるようになったのです。患者さんがジェネリックでお願いしますと言えばジェネリックを渡さなければならないですから、薬局はよりたくさんの在庫を持っておかなくてはいけない。でもそれらがすべて売れるとは限らず、どうしても一部は不良在庫、デッドストックになって廃棄する必要が出てきます。在庫管理は難しさを増し、小規模な薬局、個人経営の薬局の経営を圧迫しています。

薬局を何店、何十店と運営する大手チェーンなら、店舗間で在庫のシェアができます。A店でこの薬が少なくなってきたらB店から持っていく、といった機動的な管理ができますが、個人薬局にそのような管理は難しいことでした。現実にはいざというとき知り合いの薬局から調達するケースもあったようですが、医薬品の流通はかなり厳しい法規制があり、薬局間の売買は法律的には長い間グレーでした。

2016年12月、きちんと品質管理していることを条件に、薬局間の売買に対して政府から正式なOKが出ました。ただ、個人経営の調剤薬局にとっては、ほかの薬局と在庫を融通し合うオープンなマーケットが今まで存在せず、そもそも面識もない、信頼関係のない薬局と取引することに対しては抵抗感があります。私たちが実験を仕掛けたのはそのような状況下でした。

この業界は、小さな薬局がバラバラに存在している。そこで、各薬局を経営統合するのではなく、在庫の融通を目的としたコミュニティを構築したい。まさにブロックチェーンの出番です。1つの調剤薬局をノードととらえて、ピア・トゥ・ピアで取引できると良いという話になりました。知らない調剤薬局同士の売買で、会計のやり方の違いなどもあるので、トークン、仮想通貨で決済をすることにしましょうと。これが調剤薬局のデッドストック解消サービスというモデルでした。

加えて、薬の流通経路をトレーサビリティで追えるようにしたい。日本では偽薬というのはほぼないですが、海外には当たり前のようにニセモノが出回っています。薬メーカー、卸会社、調剤薬局、患者さんと薬が動いていく中で、どこでどうなったかわからないというのは不安なのでトレースできるようにする。改ざんされにくいブロックチェーンはトレーサビリティの面でも向いていました。

ずっと私が温めていたアイデアだったというわけではありません。実は、知り合いに紹介された医療業界の方と話しているときに、医薬品というキーワードが出てきて、こういうモデルが考えられますね、と一緒にプランを組み立てていきました。この過程である金融機関にも興味を持ってもらって、オブザーバー[1]としてこの金融機関にも参加してもらいました。２０１７年前半のころですが、特に金融業界ではビットコイン、仮想通貨の話題が旬で、ブロックチェーンにも強い興味をもっていたようです。

1 **オブザーバー**　参加者限定の会議や会合において通常は発言権のない「聞くだけ」のメンバーを指す。メインの参加者に求められれば参考意見を述べることもある。メインではないが、参加して議論の内容を聞く権利を与えられたメンバーともいえる。

そして医療系企業、金融機関、インディテールの3社でフェーズ1の実験を行いましたが、このときはリアルの調剤薬局ではなく仮想で、インターネット上に調剤薬局をつくって、薬が実際にあるという想定でやりました。

システム開発には、2017年7月からおよそ2カ月間、検証で9月の1カ月間、トータルで3カ月をかけました。ブロックチェーンのオープンソースを利用して、当社の外国人エンジニア3人を中心にいろいろな人が関わり、実装・検証・改善のサイクルを回しながら進めました。めざしたのは各薬局店舗がWebブラウザで簡単に受発注できるシステムです。これが成功して、少なくともシステム的にはいけそうだとわかりました。

本当の店舗を使って実験したのが、翌年のフェーズ2です。調剤薬局を数十店運営している医薬品卸企業の協力を得ることができ、物流もその卸の仕組みを利用させてもらいました。2018年5月から8月にかけてシステムをつくり、9月に北海道内の数店舗で検証しました。物流も含めて想定通りの結果を得られました。

ブロックチェーン実用化　具体例とアイデア
① 医薬品デッドストック解消サービス　（図5-1）

ブロックチェーン技術を活用し、薬局間における
信頼できる医薬品の取引を実現できるシステムを検証

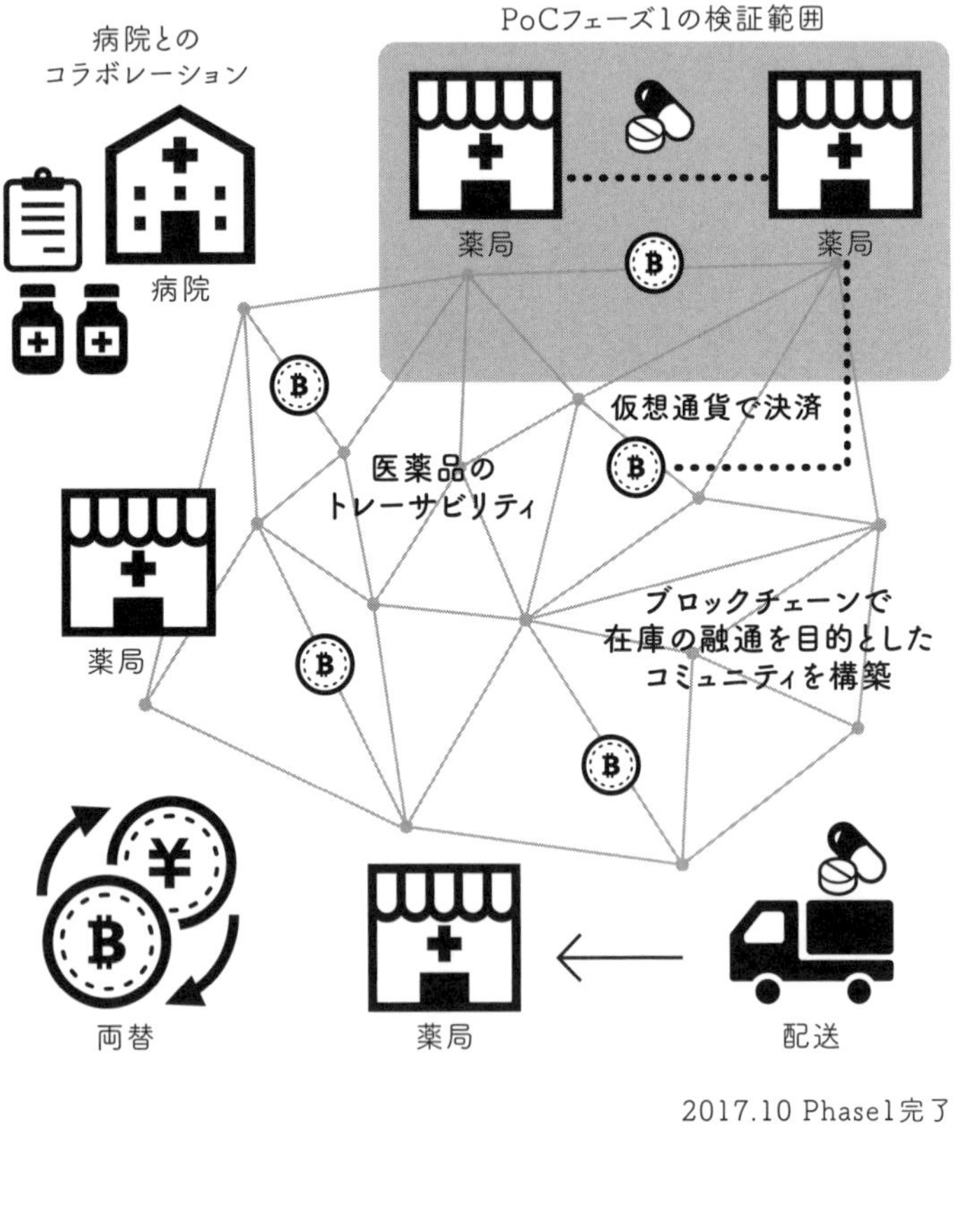

2017.10 Phase1完了

振り返ると、大きな苦労はなかったというのが正直なところです。ブロックチェーンの実験ということでいろいろな方に関心を持っていただけました。強いて苦労を言うなら、日本でのブロックチェーン開発をめぐる環境がまだ熟していなかった点でしょうか。このころまだ日本にはブロックチェーンのプログラムを組む上での情報が少なくて、海外情報とか海外の開発者コミュニティから情報を取るような感じでした。その上、オープンソース自体のバージョンが旧く、オープンソース自体にバグがいくつも見つかり、そのバグも直しながら開発していました。その意味では開発現場での課題、苦労がありました。

フェーズ1、フェーズ2とも、テレビや新聞雑誌、ネット媒体などで報じられ、各方面から反響をいただきました。当然医療業界や医薬品業界の方からの反応もあり、その後レクチャーさせてもらう機会もありました。面白かったのが海外関係の反応です。国によっては偽薬の問題が日常的にあって、ブロックチェーンを使ったこのような薬の管理が必要とのことで、相当な件数の問い合わせをいただきました。実現してはいませんが、将来には海外展開の可能性もあると思います。

実際にシステムを動かしてみると、いろいろな発見があるものです。ちなみに第3章で述べた個体管理の問題は、この調剤薬局の経験から学びました。薬は一錠一錠ではなく箱単位、パッケージ単位の管理で、これは医薬品関係者には常識かもしれませんが、私たちには未知のことでした。卸会社は調剤薬局に箱単位で納品し、患者に薬が渡される前のタイミングで、薬局内で薬が箱からばらされ、改めて投薬1回分の袋に分けられます。そうなるとブロックチェーンがトレーサビリティに向いていても、完全な追跡はできない。やってみて初めてわかったことでした。

この事例は、バラバラに存在するがゆえに苦戦している個人薬局がたくさんあって、そこをある点でネットワーク化すると課題が解消できる、という典型です。個々の薬局の独立性を脅かさせず、バラバラのままでまとめる。バンドルする。こうした場合にブロックチェーンのシステムは有効に働くということがわかります。

世の中を変える技術としてのブロックチェーンの可能性を、現実の社会の中で実践する。この姿勢を早めに公開したことで、幸い私たちにはたくさんの方からご相談をいただけるようになりました。お客様あっての話で紹介できない内容も多いですが、想定ケースを紹介しましょう。

ケース2（アイデア）――テレビ視聴をネットワーク化する

テレビ局が、ＩｏＴを使ったブロックチェーン活用に取り組めば、世の中のテレビ放送のあり方が変わることになります。

どう変わるでしょうか。個々の視聴者がどんな番組を好むかテレビ局が個別データを取り、分析して、マーケティングに活かせるようになるということです。さらに、テレビがより安心で、よりつながる暮らしを演出するツールになります。（図５-２）

ブロックチェーンとＩｏＴとテレビがどうつながるのか、想像しにくいかもしれません。少し詳しく述べましょう。

初めに、家庭のテレビをブロックチェーンのネットワークに参加させます。「テレビをブロックチェーンにつなぐなんてできるのか？」といわれそうですね。一般的には、ブロックチェーンに参加するデバイスはＰＣやサーバー、スマホなど、いわゆるコンピューターと考えられるものですが、実はテレビも参加可能です。

多くの家電製品が今や小型コンピューターになっていて、最近の家庭向けテレビであれば直接インターネットに接続できるタイプが主流になっています。実際にネット動画配信サービスを、パソコンなどを介することなくテレビで直接楽しんでいる方も多いのではないでしょうか。テレビは、立派なノードになれるのです。

これを実証実験したら面白いでしょう。家庭のテレビが直接ネットを通して、今どのチャンネルを映しているか、いつ、どのチャンネルに変えたか、といったデータを随時ブロックチェーンネットワークに送り出します。放送局がこのデータを分析することで、まず視聴率がわかるのは言うまでもありません。

番組視聴率だけなら昔からビデオリサーチ社が調べていて、かなり細かくわかるようになっています。今までと違うのは、同じ人がどのチャンネルからどのチャンネルに変えたかといった履歴、またその人は1日のうちいつごろテレビを見ることが多いのか、といった、個々の視聴者（世帯）の行動がわかるということです。

ブロックチェーン実用化　具体例とアイデア
② ブロックチェーン IoT テレビ

（図5-2）

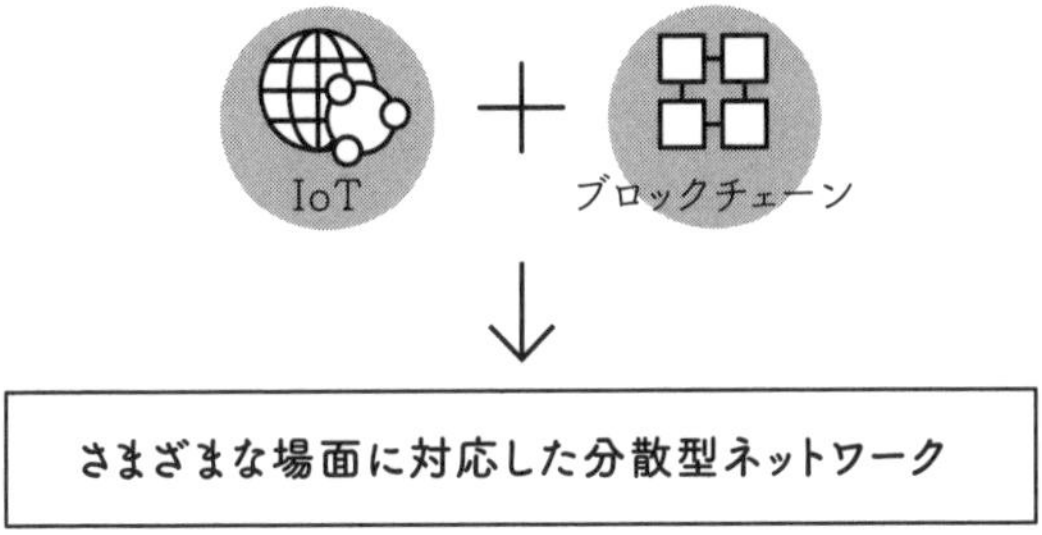

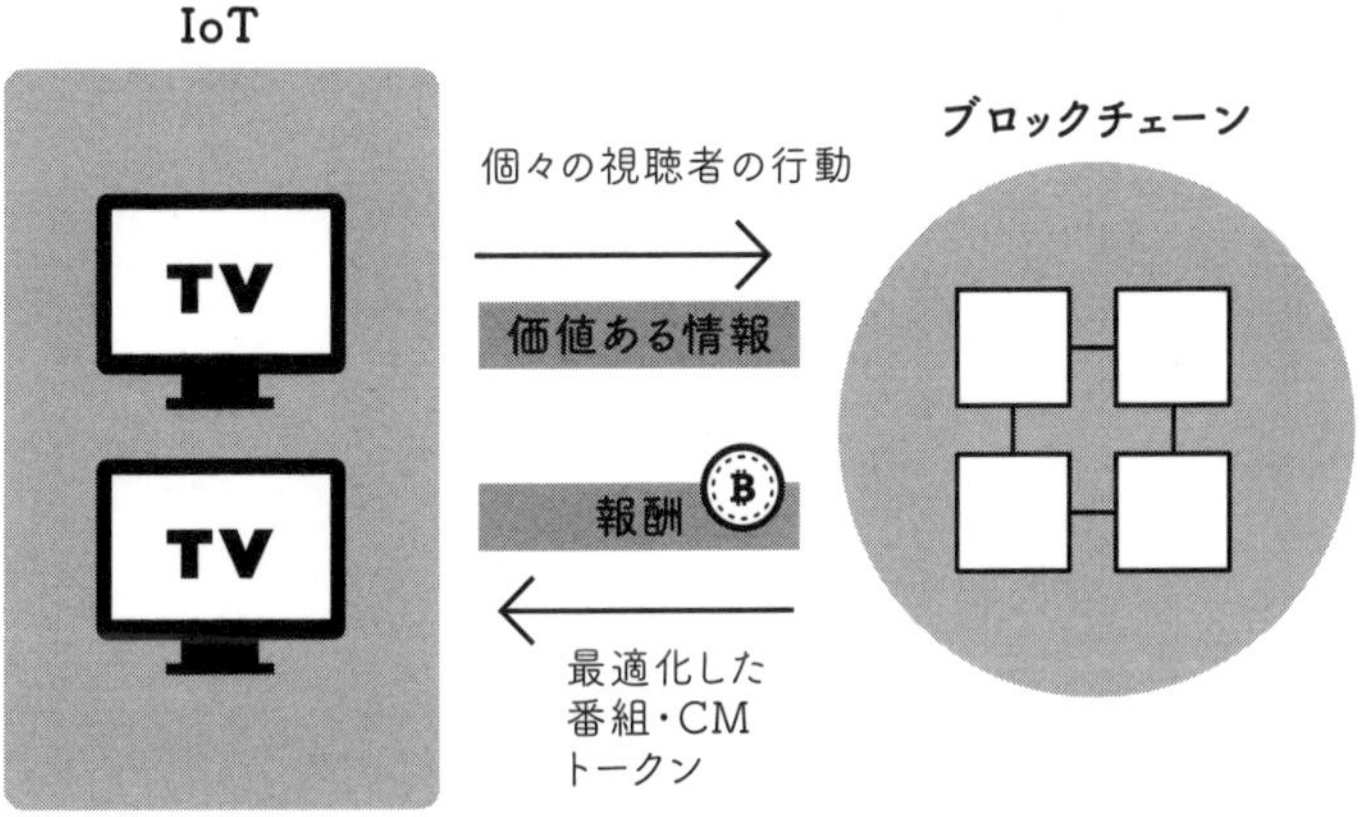

ある世帯がどんなジャンルの番組を多く見るかわかれば、その世帯にお薦めの番組を案内できるようになります。テレビを見る時間帯とジャンルからＡＩで推測して、この世帯に関心を持ってもらえそうな通販商品のコマーシャルを表示することもできそうです。テレビ局にとって、視聴者の姿が見えるようになるのはとても価値があることです。それを、ブロックチェーンが実現することになります。

ただ、ここまでだと、この実験に参加する視聴者は情報を吸い取られるだけで、あまりメリットがないように見えます。そこで、トークンの登場です。テレビ局に価値ある情報を提供している分、対価としてトークンを受け取れるようにします。番組を一定時間見るとトークンがもらえるというのもいいかもしれません。もらったトークンが貯まっていくと、お店や映画館など、いろいろな場所で支払いに使えるようになります。

番組を見るとポイントがもらえる、という仕組みはこれまでにもありました。でも既存サービスの場合、貯まったポイントの用途は有料番組の視聴や、決まったプレゼントなど、視聴者に受け身のものがほとんどでした。そこで、トークンの使い途としてもっともっと魅力的なものを提示していきます。

とても重要なのが、一般の視聴者が気軽にこの実験に参加できることです。参加のために追加的なハードウェアを取り付けてもらうとなると、とてもハードルが上がります。ですから、視聴者は本当になにもしなくていいようにしなければならないでしょう。唯一必要なのは自分のＩＤの発行申請ぐらいです。

こうしたアイデアは、おそらく家電メーカーはじめ技術の企業からは出ないでしょう。ブロックチェーンに参加するためにサーバーでもＰＣでもスマホでもなく、テレビを用いる。でも私は可能性があると感じています。もしも実験が実現すれば、1社とか2社の放送局だけで続けるにはもったいない取り組みになります。

もう1つの可能性にも触れましょう。家庭のテレビをブロックチェーンのネットワークにつなぐことで、日々の暮らしがより安心でき、地域コミュニティとのつながりもより強いものになるでしょう。テレビを視ている時に急に地震が起こった場合、地震情報が流れます。必要な際には自治体からの避難指示が出されます。現在、テレビで避難情報を流すことはできますが、それを住民が見ているとは限りません。離れた地域では安否確認も大変です。

ブロックチェーンでネットワーク化されたテレビでは、避難情報を見た住民が、避難情報を受け取った確認をテレビネットワークを通じて送り返す。受信確認が取れない住民には役場職員や近隣の住民から連絡を行う。避難情報の受け取りを確認した住民に防災グッズと交換できるトークンを提供するなどのインセンティブも有効でしょう。

このようにブロックチェーンでネットワーク化されたテレビは、防災に限らず、子供の見守り、お祭りや健康診断などの地域イベントへの活用、さらには地域通貨との連携など、地域での可能性を大きく広げます。地域の企業が集まり、公共性の高い団体をつくって、地域課題の解決に取り組んだり、大手企業や国際組織が参加し、ＳＤＧｓの啓蒙・発展につなげたり、などと想像するとワクワクしてきます。

ケース3　EV充電スタンドをネットワーク化する

研究段階の話となりますが、いずれやってみたいのが電気自動車（ＥＶ）の充電スタンドをブロックチェーンでネットワーク化することです。

クルマに給油する仕組みは、テレビコマーシャルでも名の知られている大手エネルギー供給会社がいわゆる川上から川下までを押さえるビジネスモデルになっています。大手が原油を輸入・精製し、卸売りをして、系列のガソリンスタンドを通して人々のクルマに届けるという一連のビジネスとしてやっています。

ところがガソリン車は時代の変化で早晩ＥＶに変わります。動力の源がガソリンから電気エネルギーに変わるといろいろなビジネスモデルが崩れます。石油元売り大手は決して電気エネルギーの専門会社ではなく、これまでのような絶対的な優位性はなくなる。次なる自動車へのエネルギー供給元がどこかというと、電力会社です。最終消費者への供給方法も、ガソリン給油から充電に変わります。

ＥＶに乗っている方ならご存じと思いますが、充電は結構な時間がかかります。充電技術の進捗を想定しても、ガソリンのように数分間で完了するレベルになるにはかなりの年月をともなうでしょう。それより早く、ＥＶの台数が増えていきます。

まだＥＶが少ないので大きな問題にはなっていませんが、クルマ一台の充電に30分も1時間もかかるとしたら、ガソリンスタンドのような一つ屋根の下にクルマが並んで回転していくというモデルは崩壊します。とんでもない長蛇の車列になってしまいますから。

ただ充電完了を待つしかない場所よりも、充電しながらほかの用事も済ませられる場所の方がいい、というニーズが出てきます。スーパーやコンビニの駐車場にＥＶ充電スタンドがもっと増えて、いわゆる「ながら充電」つまり、充電しながら買い物する、充電しながら遊びに行くというスタイルに変わります。

ＥＶ充電器を設置するのはガソリンスタンド新設よりはるかに手軽なので、小さな充電スタンドが分散することになるでしょう。ガソリンスタンドの一つ屋根モデルから、一定時間駐車できるたくさんのスペースにＥＶスタンドが、散在する状態になります。クルマのエネルギー供給は、ガソリンスタンドという中央集権型モデルから分散型に変わるのです。日本中のいろいろな場所にスタンドがばらけることになります。

こうなってくると、石油大手の系列企業ばかりが関わっていたガソリンスタンドビジネスと違って、参加主体が飛躍的に増えます。あちこちで充電場所を提供するのは、スーパー、コンビニ、あるいは公共施設や民家などになります。電気エネルギーそのものは電力会社が供給することになりますが、充電をする場所の提供者は、空きスペースを持っているさまざまなプレーヤー。おそらく、だれかがEV充電プラットフォームを準備して、空きスペースの所有者がそのプラットフォームを利用する形になるでしょう。これまでとはまったく違うビジネスに変わります。

このプラットフォームを構築するのに、ブロックチェーンは最適です。トークンも使えますから、石油大手ブランドのポイントカードや割引券で販促をやっている現状に替わって、ドライバーがどこで充電しても共通のポイントが付与される、ということも可能です。

さらに、一般家庭に電気を供給している電力会社がこのEV充電スタンドのプラットフォームをつくると面白いことができます。利用者がEVを充電すれば、その代金を、家庭の電気代と合算して請求できるようになります。利用者からすると充電のたびにカードなどで決済する必要はなく、家庭の電気料金と一緒に利用明細が届いて、一緒に引き落とされる。これは利便性の向上といえるでしょう。

また、これは再生可能エネルギーの活用・普及にもつながります。

現在、太陽光など再生可能エネルギーで発電した電気は電力会社が買ってくれますが、その電気を需要地に送るための送電網のキャパシティには限界があり、送電時の損失減衰の問題もあります。太陽光発電がさらに広がっていくと、「発電したら送電インフラを使って遠方に届けるのでなく、その地域で使いましょう」という声が今以上に強くなるでしょう。エネルギーの地産地消です。

こうなるとEV充電スタンドの設置・運営が、電力の活用方法としてさらに注目されます。ここから新しいビジネスモデルが生まれるかもしれません。

このＥＶ充電プラットフォームも、すぐに実験できます。第一歩は、本物のＥＶ充電機を使う必要もありません。ブロックチェーンでシステムを試作してシミュレーションすることからはじめることができます。さまざまな分野でアイデアを試してみるのが、私たちのやりたいことです。

ＥＶと日本メーカー

来たるＥＶ時代に向けて、日本の自動車販売には興味深い変化が予想されます。これは、中央集権から非中央集権へという本書のテーマの一つと重なるような変化です。

最初にメーカーについて述べますと、ＥＶ時代は、トヨタも含めて日本メーカーは外国メーカーに勝てません。善戦するのは今ＥＶに投資している日産ぐらいでしょうか。日本メーカーのほとんどはＥＶにそれほど投資していないのです。

自動車の進化のロードマップを大ざっぱに見ると、今がガソリン車の時代の終わりごろで、次にEVの時代が来て、その後に自動運転の時代になります。ひとまず次に来るのはEVです。トヨタは、意図的にハイブリッド車にシフトし、未来戦略としてはEVの次、自動運転の時代に向けた投資に力を入れています。

現在、いえている範囲でいえば、EV時代は中国メーカーと欧州メーカーが覇権を競い合う構図になります。日本メーカーはガソリンとハイブリッドでは勝っていたものの、EV時代には低迷することが必至でしょう。結果として、日本市場にも外国からの輸入車が増えるのです。

モノづくりニッポンの栄光が頭から離れない方にとっては信じがたい、受け入れがたい予測かもしれませんが、現状を調べれば、突拍子もない妄言ではないことが理解いただけると思います。

さて輸入車が急増すると、今よりずっと存在感を増してくるのが、貿易の専門会社、つまり商社です。商社が近い将来、自動車販売の新たなキープレーヤーになってきます。

これまで自動車販売、少なくとも新車販売の業界の企業というのは、トヨタや日産、その他主要メーカーの系列企業がほとんどでした。ガソリンスタンドに似た構図です。近年は自動車生産でメーカーの垣根を越える協力事例が出てきていますが、販売においては、大手メーカーごとにできている市場を支配していました。

しかし、ここにきて、各メーカーに属していない商社が力を付けてきます。系列に縛られない商社なら、交渉次第では、一つの店でトヨタ車も扱えば日産車も販売する、ドイツ車も売る、という状態が実現できる。現時点では日本での知名度がゼロに近い、まだ見ぬ外国メーカー車の販売も出てくることでしょう。

クラウドファンディングとブロックチェーン

ブロックチェーンと相性が良さそうで、私が今注目しているビジネス分野がクラウドファンディングです。なかでも、融資型のクラウドファンディングといわれる「ソーシャルレンディング」です。簡単に説明しましょう。

まずクラウドファンディングというと、一般的には「こんなアイデアがあります。資金を出してくれたらお礼としてこんな商品やサービスを差し上げます」というものとして知られています。有名な芸能人がそれでお金を集めたり、マスコミで取り上げられるような地域づくりの資金調達に使われたりと話題性は十分ですが、主要な募集サイトを覗いてみると圧倒的多数は目標額ベースで数十万円、百万円といった小規模なものが多く、大きな市場に成長してきたとは言いがたいのが実態です。

にもかかわらずクラウドファンディングの市場が急成長しているといわれるのは、一般に知られているのとは異なるタイプであるソーシャルレンディングが伸びているからです。このソーシャルレンディングというのは、個人のお金を集めて事業会社に融資し、事業会社から利息を得て儲けを出そうとするものです。見方によっては、個人が銀行になるようなものです。

わが国には現在、急いで使う予定のない莫大なタンス預金が眠っています。超低金利なので銀行に預ける意味がほとんどありません。こうした個人の余裕資金をどう活用するかは社会的な課題でもあって、一つの方法として資産運用があります。

ソーシャルレンディングをやる会社は、ネットを通して個人から余裕資金を集めて、お金を必要としている事業会社のプロジェクトに融資をします。この貸付金利は年利10％超であることが多く、元のお金を出した個人にも年5％とか8％とかの利息が払われます。事業会社にすれば高金利ですが、銀行は低金利政策が続いている影響で動きが鈍く、ベンチャーやリスクのある事業の場合、融資に踏み切らない現状があります。

銀行にすれば、今は低金利で儲けが少ない時代です。魅力あるプロジェクトに挑戦しようとする企業が融資を求めてきたとしても、回収に少しでもリスクがあれば融資に二の足を踏まざるを得ない。金融政策によってお金は余っているはずなのに、銀行は貸し渋っている。そのような状況ですから、金利が高くても融資を受けたいという元気な企業はたくさんあるのです。

そこで、ソーシャルレンディングの会社が貸出先企業の魅力とリスクを判断し、個人のお金を集めて融資をする。融資ですから、貸出先が破たんしなければ基本的に返ってきます。融資額は最低1万円や2万円と、個人でも十分出せるレベルです。

個人にすれば、銀行に預けるよりもここに貸した方が圧倒的に利息収入を多く得られ、資産運用の方法として魅力があるわけです。

こうやって個人から集めるお金というのが規模的にも大きくなってくる。この市場は今後も成長するでしょう。仮に景気が悪化してくると銀行はさらに融資をしなくなりますから、ますます個人からの融資が必要とされるようになります。

これはシェアリングエコノミーの一種といえます。お金のシェアです。しばらく使う予定もなく余っている個人のお金を、一定期間後に利息を付けて返すからすぐに貸してほしいと言っている企業のところに回す仕組みです。

本来銀行口座に預けた個人のお金も、銀行を介して融資を必要としている先に回り、そこから利息が発生しているはずです。でも自分の預金を銀行がどう使っているのかは通常わかりません。銀行を中心とした中央集権型ネットワークでは、預金者と銀行、銀行と融資先はつながっていますが、預金者と融資先は直接つながっていないからです。

ソーシャルレンディングでは、どんなプロジェクトに融資するのか、ある程度わかるようになっています。事業のジャンルや期間などがサイトに示されているので、どの程度の融資をするか判断できます。ただ、現状ではあまり情報が詳しくないケースも多く、ソーシャルレンディングの会社を信用することが大前提となります。その意味では、銀行同様、中央集権型ネットワークの上に成り立っています。

この分野で今後、ブロックチェーンが役立ちそうな予感がします。ブロックチェーンは企業と個人を直接つなぐことができます。お金を借りたい企業側のニーズ、貸したい個人のニーズを管理することに、新しいビジネスがありそうです。

情報を仲介するブロックチェーン

ソーシャルレンディングにも関連する話題となりますが、ブロックチェーンは、情報の仲介にも使えます。

ビジネスの世界では銀行や証券会社、またコンサルタントや、アドバイザーといわれる方々が人や情報を仲介します。こうした仲介業者が報酬を得られる理由は、取引主体間の情報の偏りを解消することにあります。

たとえばA社とB社が取引をするとき、B社がA社についての情報をあまり持っておらず適切な取引ができないとします。その際に、B社にA社の情報を渡すのが、仲介業者の役割です。経済学でいう「情報の非対称性」の解消です。ネット掲示板やSNS投稿も、精度の問題こそあれ、広い意味で情報の仲介役になっています。

投資のケースでいえば、仲介業者が投資家に、多くの場合有料で投資先情報を開示します。投資家はこの情報を参考に投資します。精度の高い投資情報がブロックチェーンで開示されていれば、投資家は、仲介業者を介さずとも投資ができるわけです。投資情報のネットワークを、ブロックチェーンで構築するイメージです。

仲介業者抜きでビジネスをやる以上、以前よりトラブルや失敗のリスクは高まります。個人向けの保証協会のようなビジネスが新たに盛んになるかもしれません。

台帳を見るビジネス

ほかにも、企業会計分野などで新しいビジネスが発生しそうです。今後、企業などがビットコインなどの仮想通貨で資産を持つケースが出てきます。たとえば保有資産としてのビットコインが申告通りかどうか厳密にチェックするには、ブロックチェーンの中の台帳を読みに行く必要があります。これは現時点ではシステム会社の仕事になりますから、これもビジネスチャンスの一つといえるでしょう。

このように、考えればいくらでも新しいアイデアが出てくるのがブロックチェーンです。ユースケースがまだ少ない分、やれることがたくさんあります。チャンスが広がっています。

キーワードは、「バンドル／アンバンドル」「プラットフォーム」「トークンコミュニティ／トークンエコノミー」です。みなさんもご自分の産業や、馴染みのある分野で、ブロックチェーンがどう応用できるか想像してみてください。

おわりに

ブロックチェーンは社会インフラ

ブロックチェーンで事業をやり、次の時代の勝者になるために必要な心構えがあります。利益を焦らず、まずインフラ整備のつもりで始めることです。

ブロックチェーンは最終的に、社会インフラになってくるでしょう。

社会には土台としてインフラがあって、インフラの上に経済ができる。経済が成り立てば、その上でさまざまな利益を生むサービスが展開されます。インフラとしてブロックチェーンが普及していくと、その上にトークンエコノミーのような経済が成り立ち、その上で社会課題を解決するサービスが出てくる。これは半年や1年のスパンで到達する道のりではありません。

インフラとしてブロックチェーンが普及していない状態でサービスだけを展開しようとしても、申し上げたように、ブロックチェーン上で権利が移動しても実社会では何も起こっていない、というような事態が次々に出てくるでしょう。事業インフラのないところで利益を生むのは無理な相談というものです。

ブロックチェーンがインフラになれば革新的なサービスが続出し、人々の生活がより豊かになり事業者も儲かるのかといえば、もちろんそんな保証はありません。おさらいになりますが、ブロックチェーンが社会の全課題を解決するわけではありません。課題ごとに適したテクノロジーを使って、柔軟に対処していく必要があります。

ブロックチェーンがあたかも万能であるかのような見られ方をした時期がある分、失望の目を向けられることも想定されます。それでも、ブロックチェーンのありのままを人々が理解し、適切な活用が進んでいくことが社会全体のメリットとなります。

また、既存の社会インフラには歴史があり、既得権益や利害関係を含んだ形で存在しています。そこにブロックチェーンを入れていくためには、さまざまな抵抗と戦わなければならないでしょう。コストは安くありません。

短期的には、ブロックチェーンは儲かりません。

不思議なことでしょうか。思い出してください。まだインターネットが普及していない時代から今に至るまでの間、IT企業はただただ順調に育ってきたでしょうか。決してそうではありませんでしたね。

ネットの普及とともにＩＴ企業が持てはやされて、ある種の熱狂が生じたものの、ＩＴバブル崩壊で多くが挫折しました。当時、時代の変化に可能性を感じた多くの企業、多くの起業家がＩＴビジネスに挑戦し、失敗も破たんもたくさんあった中、育つ企業は育った。そして徐々に、今のようにＩＴが多くのビジネスの前提として位置づけられるようになりました。

ブロックチェーンも同じような道を辿るのだと思います。多くの人が可能性を感じているけれど、まだビジネスとしては市場規模が小さすぎて、参入しても採算が合いません。

また、ブロックチェーンはその特質上、管理者がいない、責任者がはっきりしないという性格を帯びるため、中央集権的な今の社会、会社組織からみるとやや扱いづらい。ですからすぐに導入しましょうという話にはなりにくい現実があります。

ブロックチェーンがお金になるまで時間がかかるのは確実。どう踏ん張り、どう仕掛けて、先にある勝利をつかむか。考えなければなりません。

地域で立ち上げた推進団体

本書を振り返ってみましょう。最初に、ＩＴの進化の流れを確認しました。通信環境とデバイスの発展によって、ＩＴはどんどん人間に近づいてきた。今は個人個人が24時間３６５日オンライン化しています。人の機能がオンラインに乗り、５Ｇで個人がさらに力をつけようとしている。企業は「四種の神器」、すなわち、①ＩｏＴ、②クラウド、③ＡＩ、④ブロックチェーンを使いこなさなければ、どの産業においても敗北へと向かうことになる。そんなお話をしました。

第２章ではブロックチェーンの仕組みを見ました。「そもそもブロックチェーンって何ですか？」という問いに、４つの技術を組み合わせたものだと説明しました。①暗号化技術、②コンセンサスアルゴリズム、③ピア・トゥ・ピア（Ｐ２Ｐ）、④ＤＬＴ（分散型台帳技術）の４つです。「バンドル／アンバンドル」、「パブリック／プライベート」というキー概念も押さえました。

第３章は課題の認識でした。既存技術とブロックチェーン独自の機能を区別できていない議論が多いこと、１件あたりのデータ量が巨大なものの扱いや、文字列検索など、不得手な用途もあることなどを見ました。

第4章は世界観、考え方のお話でした。議論の中心は「ＤＡＯ」です。中央集権型、非中央集権型、分散型と整理して、それぞれの特徴、ブロックチェーンとの親和性を見ました。ブロックチェーンで実現するトークンエコノミーでやれること、また、未来の組織形態としてのホラクラシー組織、そこでのマネジメントなどを考えました。

第5章は活用例やアイデアです。私たちが実証実験した調剤薬局間の医薬品の融通をご紹介し、またテレビ放送とブロックチェーン、ＥＶ充電スタンドとブロックチェーンといった未来のシナリオを説明しました。

そして本章は、普通ならこのあたりで改めて謝辞を述べて終わるのかもしれませんが、最後に一つ、今私たちが未来に向けて具体的に何ができるかという話をさせてください。まず手前味噌のようですが、私が北海道で取り組んでいるブロックチェーンの推進団体についてご紹介したいと思います。

冒頭で、ブロックチェーンは社会インフラをめざすと申しました。まさにこの文脈で、地域としてどうブロックチェーンに取り組むかという話が出てきます。「ＩＴに地理や地域は一切関係ない」「人はネットにつながったデバイスさえ持っていれば居場所など無意味」というのは物事の一面を言っているにすぎません。人と人、企業と企業には、フィジカルなコミュニケーションもあり、「地域」は外すことのできない要素です。第4章の最後に触れた第1レイヤーが完全に消え去ることもあり得ないのです。

仕事の足場を置かせてもらっている地域でブロックチェーンの啓蒙活動をしながら、よりよい社会、エコノミーをめざす。あるべき姿を追求する。すべてがネット上で完結するわけではない以上、こうした取り組みも重要というのが私の考えです。

私たちの団体は正式には「一般社団法人　ブロックチェーン北海道イノベーションプログラム」と称します。長いので「ＢＨＩＰ」と略して呼ぶことが多いです。

私が代表を務め、２０１９年7月現在、推進パートナー16社、賛同パートナー21社、それからスペシャルサポーターとして10社（個人含む）という構成です。ＩＴ系ばかりでなく、自治体、金融機関など幅広いメンバーが集まっているのが特徴です。

前身は、ブロックチェーン技術者の育成を目的として２０１６年に立ち上げた勉強会でした。２０１７年2月、当社およびＩＴ企業2社でこれを本格化した「ブロックチェーン・デベロッパー・プログラム」を発表し、同じタイミングでブロックチェーンの情報サイト「ブロックチェーンオンライン」（BlockChain

Online, https://blockchain-jp.com）を開設したころからにわかに注目されるようになりました。

マスコミに取り上げられたこともあって反響を呼び、ＩＴ企業以外からも応援や賛同の声をいただきました。もっと地域社会を巻き込んだ団体にしようと、まず任意団体としてＢＨＩＰを立ち上げました。すると問い合わせや新規加入が続き、半年ほど後には、北海道や札幌市もメンバーに加わりました。

勉強会、セミナーなどを年に数回開催し、本書でも繰り返し触れた調剤薬局の実証実験も、ＢＨＩＰを実施主体として取り組んできました。昨年9月に、任意団体から一般社団法人に移行したところです。

「未来志向」に理解者は少ない

団体の活動を通して実感しているのは、同じ地域にいる未来志向の方々、未来志向の企業にお会いできるということです。業種は関係なく、ブロックチェーンに関心を寄せるという共通点で、単にＩＴ企業として日々仕事をしていては知り合えない人・企業と結びつきが出てきます。

ただ、ブロックチェーンが今すぐ儲からない、少なくともビジネスベースで明らかな成功例が見当たらないという状況ですから、社内や周囲からあまり理解を得られていない方々も多いように見受けられます。

かくいう私も、ブロックチェーンで事業をつくっていこうと動き出したときには、周囲どころか社内のスタッフたちにもわかってもらえませんでした。特に、これまでの技術で仕事をしてきたエンジニアの一部からは「一体どんな意味があるのか」「うちの社長は何を考えているのか」という不満も聞こえてきました。

私は経営者として、常に新しい状況に適応して、新しい事業・サービスを考え続けるのが仕事だと思っています。経営スタイルとして常に未来をみる。そしてそこにチャンスがあれば投資をする。それを10年繰り返してきました。ずっとテクノロジーや社会情勢の情報収集、勉強を続ける中で、今までにない衝撃を受けたのがブロックチェーンでした。

現行のインターネットがつまらないというつもりはありません。興味深いネットサービスが絶え間なく登場しています。ただ、ユーザーインターフェースの違いなど表面的な革新はあるものの、利用体験、ユーザーとして体感することが大きく変わるような新サービスというと近年は望めなくなってきました。正直熱狂できない自分を認めざるを得ない。

でもブロックチェーンは世の中の構造自体を変える、本質的なイノベーションです。既存の枠組みを壊して新しい状況をもたらす、破壊的イノベーションです。新しいＷｅｂアプリなどでなし得るレベルではありません。

技術の会社やエンジニアは、今ある技術を元にサービスを考えがちです。こんな面白い技術があるからこう使えるんじゃないか、というパターンです。こうした技術ドリブンの発想に対して、私がめざすのは思想ドリブン。こうありたい、こんなことをやりたいから、それを実現するための技術を開発するというイメージです。ロケットや宇宙開発なども同じです。既存技術の使い途を探すのではなく、地球以外に住むためにはどうすればいいのか、という発想でやっている。ブロックチェーンもまた、管理者なしで動くシステムという思想ドリブンで生まれた仕組みです。

未来を描いたとき、そこに向かうための不可欠な道具がブロックチェーンでした。だからブロックチェーンにチャレンジする。これが私の本心です。

本書で何度も「ブロックチェーンは儲からない」と書いてきましたが、それは過去・現在・未来という流れの中においての、現在の話です。未来の可能性に向かって挑戦し、未来の勝利をつかみたいビジネスパーソンは、ブロックチェーンから目を離すことはできないでしょう。
Ｗｈｙブロックチェーン？
その答えは、未来です。

本書内容に関するお問い合わせについて

このたびは翔泳社の書籍をお買い上げいただき、誠にありがとうございます。弊社では、読者の皆様からのお問い合わせに適切に対応させていただくため、以下のガイドラインへのご協力をお願い致しております。下記項目をお読みいただき、手順に従ってお問い合わせください。

●ご質問される前に

弊社 Web サイトの「正誤表」をご参照ください。これまでに判明した正誤や追加情報を掲載しています。

正誤表　https://www.shoeisha.co.jp/book/errata/

●ご質問方法

弊社 Web サイトの「書籍に関するお問い合わせ」をご利用ください。

刊行物 Q&A　https://www.shoeisha.co.jp/book/qa/

インターネットをご利用でない場合は、FAX または郵便にて、下記“翔泳社 愛読者サービスセンター”までお問い合わせください。
電話でのご質問は、お受けしておりません。

●回答について

回答は、ご質問いただいた手段によってご返事申し上げます。ご質問の内容によっては、回答に数日ないしはそれ以上の期間を要する場合があります。

●ご質問に際してのご注意

本書の対象を越えるもの、記述個所を特定されないもの、また読者固有の環境に起因するご質問等にはお答えできませんので、予めご了承ください。

●郵便物送付先および FAX 番号

送付先住所 〒160-0006　東京都新宿区舟町 5
FAX 番号 03-5362-3818
宛先（株）翔泳社 愛読者サービスセンター

※本書に記載された URL 等は予告なく変更される場合があります。
※本書の出版にあたっては正確な記述につとめましたが、著者や出版社などのいずれも、本書の内容に対してなんらかの保証をするものではなく、内容やサンプルに基づくいかなる運用結果に関してもいっさいの責任を負いません。
※本書に掲載されているサンプルプログラムやスクリプト、および実行結果を記した画面イメージなどは、特定の設定に基づいた環境にて再現される一例です。
※本書に記載されている会社名、製品名はそれぞれ各社の商標および登録商標です。

【著者紹介】
坪井 大輔（つぼい　だいすけ）
1977年生まれ。2000年北海道工業大学（現北海道科学大学）工学部卒業、2012年小樽商科大学大学院アントレプレナーシップ専攻MBA取得。現在は株式会社INDETAIL代表取締役 CEO、北海道科学大学客員教授、上場子会社・ベンチャー企業社外取締役、一般社団法人ブロックチェーン北海道イノベーションプログラム（BHIP）代表理事、一般社団法人北海道モバイルコンテンツ・ビジネス協議会（HMCC）副会長。
シリアルアントプレナーとして事業売却を多数経験。2016年よりブロックチェーンの取り組みを開始。実証実験などのユースケースを築き上げる一方、その啓蒙活動にも積極的。2018年度の講演実績21件。主な著書に『ローカルビジネスで生きる』（電子書籍）がある。

ホームページ　https://www.indetail.co.jp/tsuboi/

Editorial & Design by Little Wing

WHY《ホワイ》 BLOCKCHAIN《ブロックチェーン》
なぜ、ブロックチェーンなのか？

2019年7月12日　初版第1刷発行
著　　者　坪井 大輔
発 行 人　佐々木 幹夫
発 行 所　株式会社翔泳社（https://www.shoeisha.co.jp）
印刷・製本　株式会社シナノ

ISBN978-4-7981-6265-2　Printed in Japan